# 方法總比問題多

## 商業競爭的解題技術

# WORK SOMETHING OUT

吳甘霖——著

# 目錄

# 目錄

# 作者序／化身爲「讓不可能變可能」的高手

《方法總比問題多》要出繁體中文版了，在感恩廣大讀者厚愛的同時，不由地想與大家回顧一下這本書產生的過程、在各方面的影響，以及新版的特點和價值，爲大家提供更好的閱讀建議，以期在運用中產生更理想的效果。

十多年前，我應邀在清華大學、北京大學等總裁班及各地進行講座。在交流過程中，不少學員都跟我反映一個問題：「我們有足夠的勇氣，也能吃苦，但總是感覺遇到瓶頸。估計是腦容量不夠大吧？老師，您能不能研究一下，給我們開設一個提升思考模式、讓我們更聰明的課程啊？」我覺得這些學員反映的需求很接地氣，更在某種程度上反映了當下現代人缺少「方法學教育」的現狀。

與此同時，我之前便對針對思考模式做過不少研究，本來還想直接以我研究的思考模式，針對需求開發思維課程，但總覺得缺少一點什麼。直到有一天，我到一家創造傳奇故事的企業參觀，在企業大門口看到貼著「只要精神不滑坡，方法總比問題多」這兩句話，我的心突然一下子就被點亮了。我覺得現代人缺少的是一種主動找方法解決問題的精神。

遇到問題，許多人蹦出來的第一念頭就是「這不行」、「我解決不了」。而大腦的「神秘」的機制是，當你心裡生出「我不行」這個念頭，大腦就會自動爲你找出千百個不願意去做的藉口，導致該做的事情沒有做成，該解決的問題無法解決。「只要精神不滑坡，方法總比問題多」這句話的核心，是要培養一種「不滑坡」的「精神」。那麼，落實到與方法的關聯上，什麼才是「不滑坡」的精神呢？

我可以總結成爲這樣一個理念：「只爲成功找方法，不爲失敗找藉口。」於是，我將這作爲核心理念，結合許多典型案例和方法，寫作並由機械工業出版社出版了《方法總比問題多》一書。該書出版後，有些出人意料，不僅成爲全中國「社科類」優秀暢銷圖書和影響企業管理的十大團購圖書，而我本人也因此多次直接體驗到讀者的厚愛。不僅企業家們、管理者們熱烈歡迎和推薦，而且社會上各界人士，包括剛剛入職的上班族、大學生們，紛紛對這本書表示出極大熱情。

## ◎把問題變為機會、將阻力化為助力

記得新書出版後幾個月，我去深圳出差，在機場休息。這時有一個年輕人走過來輕聲問我：「您是吳甘霖老師嗎？」確認是我本人後，他十分驚喜，並走到旁邊打電話，很快地就有幾位青年圍在我身邊。他們跟我說：「我們都是機場書店的員工，《方法總比問題多》是機場書店這幾個月銷售最好的新書之一，不到三個月銷售了近萬本。」更讓我難忘的是，他們各自打開一個筆記本，裡面都是結合自己的成長階段，以及閱讀這本書之後的體會，哪方面讓他們有觸動？哪方面讓他們掌握實際的方法？自己又是怎樣把問題變爲機會、將阻力變爲助力？

說實話，新書暢銷固然讓我很高興，但讓我更欣慰的是親眼看到不少人，尤其是年輕人願意自動分享能從這本書中找到向上提升的動力和技巧，並爲自己帶來實際的轉變。於是，我和出版社做了不少市場調查，總結大家究竟感覺這本書的價值在哪裡。得出的結論是，大家都有這麼一個共識：打破思維枷鎖，勇敢地去找到方法，就能創造許多化「不可能爲可能」的奇蹟。基於這樣的回饋，那麼在這本「百萬冊紀念版」中，不僅要突出這項特點，更要進一步發揚光大。

第一，將副標題改為「學會像方法高手一樣思考」。這其實代表了本書強調的新觀點：一方面，我們要繼續強化「方法總比問題多」的信念；另一方面，要進一步解放思想並提升思考技巧，學會像方法高手一樣想事情。這樣一來，就能讓問題迎刃而解，創造出連自己都不敢相信的奇蹟。

第二，在保持原來基本思想與框架的基礎上，替換了超過六成的內容，新增了不少鮮活而典型的案例。除了採用身邊和培訓中的鮮活案例，還對當下不少優秀人士如何善用邏輯創造奇蹟進行分析與總結。如美團創始人王興說過一句名言：「為了躲避嚴肅的思考，人們願意做任何事情。」他和他的團隊勤於思考並善於思考，讓美團在激烈競爭中成為行業領頭羊。再如字節跳動的創始人張一鳴，透過改「人去找新聞」便成為「新聞來找人」的逆向思考，成功創建了「今日頭條」，以及透過演算法思維創辦「抖音」。學到這些成功人士的具體思維技巧，不但對大家在職場中更好發展有借鑒作用，而且對如何創業、如何創建一番大的事業，也有很好的借鑒作用。

第三，問題更有針對性，解決方法更切實有效。根據當下的痛點與需求，增加了不少新的篇章與方法。例如要「埋頭苦幹」，更要「抬頭巧幹」的四大方法，助你成為職場高手，主動促使事情發生，不再被動等待命運安排。尤其是針對讓當代不少人非常困惑的低效勤奮、內卷焦慮、成長瓶頸等問題，提供具備建設性的解決方案。

第四，幫助你透過邏輯思考，實現人生升級目標。面臨複雜多變的時代，唯有實現思維升級，才能實現人生升級。這就要在提升思維的廣度、深度和高度上功夫。在思維升級這方面，書中提供了不少經驗與案例。比如許多有能力的人都希望能影響主管，但如何影響並不只是向主管提建議這樣簡單。在華爲，有一位北大畢業生剛入職不久就忙著向領導寫「萬言書」，不料不僅沒有得到重用，反倒被批示「如果沒有精神病，建議辭退」。但同樣在華爲，另一個寫「萬言書」的博士卻被連升三級。

## ◎ 人生最好的投資，就是投資自己大腦

爲什麼有這麼大的區別？我在本書的「不做問題的挑剔者，要做問題的解決者」中給出了答案—多一點「躬身入局」，少一點「高高在上」，向主管提問題，請記得帶上解決方案。這種既具體又有深度的思維升級，能幫助大家實現思維突破和人生升級。

比爾．蓋茲句名言：「人與人之間最大的區別，是脖子以上的區別。」投資之神巴菲特也說：「最好的投資，是對自己大腦的投資。」一個人最大的競爭力，就是主動找

方法解決問題、找方法進行創新的能力。

這不論是在職場發展還是在創業領域，以及其他各行各業，都有同樣重要的價值。新冠肺炎疫情過後的大環境，各行各業遇到的問題很多，許多人面臨壓力與困惑甚至痛苦。當外在的壓力增加時，我們內在的動力就得更強，主動解決問題的精神與方法，就更加重要。願你越來越重視思維的價值，從怕思考到愛思考，從不善於思考到成爲方法高手，勇於挑戰當下及以後的所有問題，創造一個又一個化「不可能變可能」的奇蹟！

吳甘霖

# Chapter 1

# 只爲成功想辦法
# 不幫失敗找理由

# 常勝軍習慣找方法，失敗者總是編藉口

總是找理由搪塞的人，往往最不受歡迎；習慣找方法解決問題的人，肯定最受眾人歡迎。

「如果你有智慧，請你貢獻智慧；如果你沒有智慧，請你貢獻汗水；但如果兩樣都不願做，那麼就請你離開公司吧……。」

## 懂得找方法的人，通常最有前途

「當今社會，誰是最具備競爭力、最有前途的人？」

「當今職場，怎樣的人是最受歡迎、最『吃得開』的人？」

這是我應邀爲清華大學、北京大學舉辦的高級總裁班和管理者培訓班講課時，經常與大家熱烈討論的問題。

大家會在討論的過程中分享許多有趣的故事。而其中一個案例，自從第一次被分享後，就一直爲人津津樂道至今。許多人聽過之後都說自己受到很大的啓發。

有一次，我參加世界華商大會，和與會代表們一起聽到某位楊姓青年華商分享自己的傳奇經歷。

楊先生來自浙江，他有一位遠房親戚在歐洲開飯店，邀請他過去幫忙。然而，等他到了歐洲不久，這名親戚竟然突患急病去世，飯店也因群龍無首，很快地就宣布休業了……。但楊先生不想回國，於是就在當地找了一份工作。他後來選擇到一家中等規模的保健食品廠工作，從業務員開始做起，一路做到主管職。但他的工作並不輕鬆，因爲公司的產品品質不錯，但知名度卻很低。所以他總是在推銷產品時琢磨著，究竟能用什麼方法讓公司的產品被更多人知道。

直到有一次，他搭飛機出差，不料竟遇到了意料之外的劫機……。

度過了驚心動魄的十個小時後，在各界的努力下，問題終於解決，他可以平安回家了。可是就在即將走出機艙的那一瞬間，他突然想到在電影中經常看到的情景：當被劫機的人從機艙走出來時，總會有不少記者前來採訪。

他這時心想，何不利用這個機會、宣傳一下自己的公司形象呢？

於是，他立即在那種當下，做出了令衆人感到意外的舉動：

他從行李箱裡找出一張大紙，在上面寫下了一行大字：「我是××公司的××，我和公司的××牌保健品安然無恙，非常感謝搶救我們的人！」

他舉著這樣的牌子，一出機艙，立即就被電視台的鏡頭捕捉到。他瞬間成爲這次劫機事件的明星，多家新聞媒體都對他進行採訪報導。等他回到公司的時候，公司的董事長和總經理帶著所有的部門主管，站在門口歡迎他……。

原來，他在機場的這個別出心裁的舉動，讓公司和產品幾乎在一瞬間變成家喻戶曉的炸子雞。公司電話都快被打爆了，訂單更是一個接一個地湧進來。

董事長感動地說道：「沒想到你在那樣的情況下，首先想到的竟然是公司和產品。毫無疑問地，你是本公司最優秀的業務主管！」董事長當場宣讀他的人事公告：他成功升任公司副總經理，掌管部門行銷及公關業務。

之後，公司甚至還提撥一筆豐厚的獎金來獎勵他。

許多學員對這個案例進行探討，總結就是，楊先生之所以能脫穎而出，在於他擁有與一般人不同的思維方式，並將主動精神與有效率的方法充分結合：

**第一，他不只是做好事務性的工作，而是像部門主管們一樣，關心公司的戰略問題。**一般的業務員往往認爲，只要把手上的產品推銷出去就好了。但是，他能站在全公司的高度，認識到打開知名度是解決公司產品銷路的關鍵，並且找到了解決問題的方法。

**第二，他不是被動地、機械性地工作，而是擁有創新思維，並且願意以此邏輯來開展工作**。

**第三，他擅於把問題變成機會**。一般人都會把劫機事件當成一個問題，他卻把問題轉變為一個推廣公司品牌和產品的決勝場。

楊先生和許多具有同樣精神和做法的人，都為大家證明了一個規律：在任何機構、任何公司，有著主動精神並擅於找方法解決問題的人，往往能創造不一般的影響與效益，最容易脫穎而出，獲得大好機會。不僅如此，這類人如果創業，也往往最容易成功。會主動找方法解決問題的人，一定是最有前途的一群。

## ◎ 習慣找藉口的人，總是在「當機」

與此形成鮮明對比的是另外一個總經理講的故事，大家可以看到另外一種員工的做法，以及不同的結局。

這位總經理曾招聘過一個助理，該生畢業於重點大學管理系，人很聰明，也很想做出一些成績，期許自己有朝一日能夠擔任公司重要的管理職位。

有時，當總經理要出差，就會試著將一些重要的事情交給她去處理。但總經理發現，她總是無法妥善地完成自己交付給她的工作，她總說自己很辛苦，並且不斷抱怨：「公司的管理部同事真是太笨了，連一份簡單的檔案都寫不好，白白耽誤了我的時間。」「義務部同事的溝通能力真差，跟客戶的溝通根本不到位，這樣怎能讓客戶滿意？」「時間那麼緊迫，我手上的事情又那麼多，若真想放手交代給底下的人去做，他們又總是做不好，光靠我一個人怎麼可能完成？」

於是這位總經理問她，既然你已經看到問題存在了，那麼有沒有想辦法解決？

結果，她的回答讓總經理大吃一驚：「我認為有些人的能力實在是太差，應該全部換掉，讓真正有能力的人上場。」

但在總經理看來，並不是她所說的「有些人」沒能力，而是她沒有協調到位。即使個別員工的確做得不好，那也只是因爲對工作不熟悉，暫時遇到了瓶頸。於是，總經理提醒她：「作為助理，做好協調工作是本分，提升有關能力則是必要。」另外，作爲一個想當管理者的人，也有責任引導團隊成員成長。之後，總經理與她溝通了幾次，也給她一些解決問題的建議，但她還是堅持自己的想法，習慣將責任推到其他人身上。

最終的結局是：她沒有換掉自己所說的「有些人」，反而是自己被總經理辭退了……。

聽完這個故事後，總裁班上的學員們紛紛表示，存在於這位助理身上的問題並非特例，自己在職場中也曾遇到同樣的情況：這些人的工作品質普通，卻常把責任推到其他人身上。而實際上那些所謂的理由，無非就是自己不願負責、不願成長的藉口。

上述所說的兩個人，其實是職場中兩種不同人物的代表：前面的那位主管，哪怕遇到再不好的環境，首先想到的是如何幫助公司解決問題，而且還要找到創造性的解決方法。與此相反，那位助理，儘管面臨的困難並不太大，但仍然找藉口不去解決，只想找理由幫自己辯護。

這個狀態展現了一個最根本的區別：

**優秀的人總是找方法，平庸的人總是找藉口；而找方法還是找藉口，實際上就是成敗的分界線。**

爲此，我在高級總裁班的學員中做了一個調查。

我調查的第一個問題是：「在公司裡，哪種人是你們最不願意接受的人？」

結果發現，有五種人是總經理最不喜歡的：

第一種，不努力工作、習慣找藉口的人
第二種，公私不分的人
第三種，斤斤計較的人
第四種，華而不實的人
第五種，不願成長的人
而我調查的第二個問題是：「什麼樣的員工，是你們最喜歡的人？」
結果發現，總經理最喜歡的員工也有五種：
第一種，主動找事情做的人
第二種，擅於找對方法來加倍提升業績的人
第三種，執行能力強的人
第四種，能提出建設性意見的人
第五種，很少抱怨的人
這一調查結果，進一步證實了我們之前的結論：**凡事主動找方法的人，一定是最受歡迎的人！**

## 三重境界，三種命運

後來，我開設了「方法總比問題多」課程，積極宣導「只為成功找方法，不為失敗找藉口」的理念。

現實生活中出現許多新案例，也越來越能證明這個觀念的正確性，另外也延伸出不少這個觀念的新榜樣。例如近期廣受關注的「戴珊現象」。

二〇二二年夏天，阿里巴巴變更的一則工商資訊引起眾人矚目：老將張勇卸任阿里巴巴集團法人代表職務，改交由戴珊接任。

大家討論最多的是，當初在阿里巴巴表現並不顯眼的戴珊，為何能獲得這麼好的發展？

戴珊是阿里巴巴創始團隊「十八羅漢」中最年輕的人之一。二十多年過去，阿里巴巴成為最有名的互聯網公司之一，公司也有眾多海內外頂尖人士的加盟，但成為張勇集團法人代表的，卻是戴珊。

原因很多，主因是她具備根據企業發展，不斷提升解決問題的能力，是個有能力帶領公司向前邁進的人。

且看有關媒體披露的幾個事例：

一開始，戴珊擔任的是最基礎的客服工作。她並不願接受這個安排，心想：「我不喜歡做服務，待在後台不就是接接電話罷了？」但後來，她意識到來自用戶的信任對公司有多重要。她於是安下心來，並以最高標準要求自己，設法尋找和解決服務中的各種問題，務求做到最好。當時，還沒有各種反應迅速的即時通信方式，客服人員全部得靠一封又一封的郵件來回覆客戶訊息。有時戴珊的團隊若回覆太快，還會被用戶質疑是透過機器自動回應呢。

這樣的工作，戴珊一做就是好幾年，後來，憑藉突出的工作表現，戴珊分別擔任公司的高級銷售總監、子公司總經理，之後被調去做擔任人事工作。再後來，她負責購物平台的工作，進階到更大平台的管理層。她上任後發現，許多員工總是處於混日子等發薪的狀態。她細細分析後發現，主要是因爲大家對這份工作尚未找到眞正的意義與認識，對公司未來的發展認識不清。

於是，她採用這個方式來解決問題：在自己策劃的一場「夢想開始的地方」晚會上，她邀請兩位特別來賓上台分享自己與公司的淵源。一位是患重症肌無力的會員用戶，另一位是在公司平台上創業成功的大學畢業生。

透過邀請眞實用戶現身說法，戴珊讓員工感受到自身看似平凡的工作，對他人而言卻可能是改變命運的力量。這種方式讓員工們體悟到自己工作的意義，士氣因此大幅提高。

就這樣，隨著職務的提高，如何與高層主管們高效溝通，從而進一步影響主管，也就是通常所說的向上管理，既是一項重要的課題也是讓許多人苦惱的難題。而戴珊總是想方設法去解決、做好這件事。

她在工作中發現，當時的集團 CEO 驍勇善戰，但行事作風有時太過剛硬，顯得沒有人情味，讓團隊感到難以親近。而戴珊採取什麼方法來解決這個問題呢？她首先拋出三個問題，藉此引導公司高層的思考與重視：

戴珊問：「你平時跟誰一起吃飯啊？」

CEO 回答：「請秘書幫忙買回來。」

戴珊接著問：「你平時跟誰聊天啊？」

CEO 答：「開會時自然有人來……。」

戴珊再問：「你最近喝酒嗎？」

CEO 似乎有點急了：「工作這麼忙，哪有時間喝酒？」

CEO也是明白人。三句提問，讓他感覺到了自己身上可能存在的問題。之後，戴珊特地籌辦了一場「裸心會」，讓CEO和團隊成員們敞開心扉，展現自己眞實的一面，勇敢說出意見、加深彼此間的理解。這樣一來，大家關係更融洽，工作自然更容易推進。

在集團工作的二十三年間，她先後輪調過客服、銷售、市場推廣、人力資源、首席文化官等各部門，基本上就是高層主管們指到哪裡便做到哪裡，從不抱怨，遇事時總會想辦法解決每個職位、每個階段會遇到的問題。而這樣的人，肯定會持續在發展中，終會替自己迎來更大的舞台。

「戴珊現象」在某種程度上，講的就是一種透過不斷解決問題而不斷促進單位與自身發展的現象。每一位想在職場更好發展的人，我在這邊送給大家三個十分重要的啟示：

**第一，單位最需要的，是除了具備忠誠和事業心，還需擁有能說明單位解決問題能力的人**。所以，一定要把主動想辦法、擅於想辦法作爲自己發展的主要競爭力。

**第二，不怕起點低，就怕境界低**。不管你的起點如何，只要主動去做，找方法的能力就會越來越高。

**第三，隨著職位越高，你所面臨的挑戰將越大，這時一定要迎難而上，而非知難而退**。這樣一來，解決問題的能力會越來越強，也越來越能擁有更大機會、承擔更大責任。

戴珊以及和她一樣的人的發展，讓人想起日本松下公司曾推行的一種企業文化：「如果你有智慧，請你貢獻智慧；如果你沒有智慧，請你貢獻汗水；如果你兩樣都不貢獻，請你離開公司。」

從松下的企業文化中，我們可以看出，在職場上工作的人其實分爲三類：

**第一類，具有敬業精神並能找方法的人**。他們擁有智慧並樂於奉獻智慧，這份智慧必然會給企業創造很大的財富。毫無疑問地，這種人往往是最受歡迎也最有發展的一群。

**第二類，敬業但缺乏方法的人**。他們能夠也只能奉獻汗水，這類人也是企業需要的一群，只是他們往往不會有太大的發展。

**第三類，既不敬業又不願找方法的人**。他們什麼也奉獻不了，所以最終的結局只能是離開……。

在此基礎上，我們可以得出這樣的結論：一流的人既敬業又能找方法；二流的人只敬業；末流的人找藉口。

毫無疑問，不找藉口找方法，是最受歡迎的工作品質。

假如你想有更大發展，毫無疑問，就應力爭做第一種人。

## 人與人之間的最大差距，通常就在「脖子」以上……

最優秀的人，往往是最重視找對方法的一群。
他們相信凡事都有辦法可解決，人人都能成為創造者，四處都有轉機！
真正的競爭，是思維方式的競爭。
成為一個凡事重視找方法的人，你在起點上就贏了。

爲什麼要重視方法？

換句話說，爲什麼要透過學習方法成爲更聰明的人？

我們或許可以從比爾．蓋茲的一句經典金句中得到啓發：「人與人之間最大的區別，是脖子以上的區別—大腦決定一切。」的確，當我們認眞觀察正確的邏輯能夠帶來的價值後，就該自覺重視方法的必要性，並且努力成爲擅於用方法解決問題的高手。

## ◎牛人之所以「牛」，肇因於其思維是「精英都是方法控」

「精英都是方法控」其實是一本暢銷書的書名，作者金武貴在書中談到一個現象：爲什麼有人擁有好學歷和履歷，卻未獲得該有的發展？關鍵就在於他們沒有重視方法。眞正的精英，都是重視方法的人。

是的，高手和普通人的差距，往往體現在慣用邏輯的差別上。

換句話說，「牛人」之所以牛，往往就在於當大家覺得無法解決問題時，他還能找到解決問題的方法，而且會發揮思維的創造性，找到讓人拍案叫絕的方法。

曾在一次管理研討班上，聽到一位總裁分享自己很欣賞、某大集團優秀客戶經理張經理的故事：

有一次，張經理來北京出差，遇到前公司的一位老客戶。那是一位總經理，這位總經理也剛好在北京出差。因爲之前這位總經理和張經理的集團在業務合作上有過一點不愉快，張經理因此想利用這次機會，好好修補關係。

張經理於是打電話聯繫這位總經理，眞誠地對他說：「如果您有什麼需要幫助，可以隨時打電話找我。」這位總經理也許是覺得張經理只是說說客套話，想想也沒有什麼事情需要他幫忙，所以也就沒把這番話放心上。

但沒想到的是，下午開會前，這位總經理發現自己出差前太匆忙，竟忘記帶名片了。不過總經理當時還有其他事要忙，根本沒法處理沒帶名片的困擾，所以他乾脆就打電話請張經理幫忙印名片，而且強調說自己下午要急用。

張經理立即出門找複印店，但以當時做名片的方式，最快也得一天才能做好。他跑了十幾家店，都說最快也要明天才能拿到……。

但為了不耽誤這件事，他還是決定先打電話把情況告訴總經理。

聽到這種情況，總經理對他說：「既然做不出來，那就不用名片了……」但張經理是一個很負責的人，他並未放棄，而是滿腦子琢磨著如何解決問題。

而就在路過一家照相館時，一個靈感突然蹦出來：「用數位沖印的方式把名片拍成照片，之後多列印幾張，再剪裁好就可以啊。這樣雖然貴一些，但效果和通常製作的名片功能一樣，絕對不會影響使用。」

於是，他採取這種獨特的方式，不到半小時就把名片製作好了。

當張經理把名片交給那位總經理並告訴他是如何製作時，那位總經理感到難以置信，認為這正是體現了「只為成功找方法，不為失敗找藉口」的精神，也增加了自己日後與張經理合作的信心。

許多事情看起來容易，但如果受到某些條件的限制，解決起來就變得很難。就像印名片這件事，誰都可以在正常情況下輕鬆做到，直接殺去店裡下訂單處理便罷。但是如果出現上述這種在短時期內製作的要求，恐怕很多人就會一籌莫展了，也許乾脆直接放棄。但是，眞正的「牛人」會像張經理這樣，不僅不放棄，還能以創新的思維，徹底解決問題。

看到這樣的故事，你對於「人與人之間最大的區別，是脖子以上的區別」這番話，是否已有更眞實的認知？

爲了讓你對此有更深入的理解，我們不妨再來看看美團創始人王興的故事。

某次，王興在參觀 Facebook 時聽到這麼一句話：「工程師的好與壞，差距是十萬倍」，這句話讓王興感到震驚，畢竟這個說法似乎太誇張了點。但是後來，他透過認眞觀察與分析，體悟到這個說法其實很有道理：「Facebook 有五百名工程師，有十多名工程師管理著十萬台圖片應用伺服器，每天處理上億張照片，而在中國擁有五百名以上工程師的公司太多了，但工作效率沒法跟 Facebook 相比。」比如寫代碼，頂級工程師寫出來的代碼是普通工程師難以企及的。

「據說，一輛 BNW X5 汽車裡的軟體代碼有三億行，一輛特斯拉只要一千萬行，這真是令人感到絕望的差距，很類似 2008 年時，諾基亞的塞班和蘋果的 iOS 的代碼行數差異。」這就是高手和普通人在工作品質、效率和成果上的差距。

值得我們格外重視的是，在新經濟時代下的生產方式、生產力和生產效率的邏輯，跟傳統經濟時代之間，差異甚大。

蘋果公司的創始人賈伯斯強調，一個出色的人才，其價值與五十個平庸的員工一樣多。很多時候，數量無法抹平品質的差距。特斯拉的創始人馬斯克曾說：「我只讓最聰明的人為我工作」。這話雖然有些極端，但也讓我們看到，擅於思考的聰明人，受歡迎、受器重的程度。

試想，一個擁有創新思維的人，能夠創造出多大的奇蹟！

像這樣的人才，誰不需要？哪個高層主管們會不重視？

各行各業都需要懂得找方法解決問題的人。尤其在當下的新經濟領域，更聰明、更具備創新能力和效率的人，因爲擁有過人的優勢，自然更容易受到歡迎和器重。

## 高手過招，一場「想過」與「想透」之間的較量

當今社會處處是競爭，尤其針對龐大的商業機會，競爭將更爲激烈。

高手都是重視思維方法的人，要想在競爭中獲勝，就不能僅止於「想過」，而是要「想透」。

這其實就是思維方法的深度、高度及創造性的競爭。

美團創始人王興是最重視邏輯的年輕企業家之一。我們且看他的兩次重要的決策：

第一次，在團購網站的「百團大戰」中，同行在爭相燒錢，但王興卻沒有加入大戰，而是節省資金用於後來重要的戰略上。

第二次，美團進入外賣市場，與原先的外賣霸主同台競爭。

美團只用六個月就瞭解箇中門道，王興發現這個飢餓行銷尚未加速下沉到三線城市中，這是一個難得的時機點，美團快速發起百城攻勢，一下子超越了對手。

爲什麼能達到這樣的效果，王興講過一句名言：「為了躲避嚴肅的思考，人們願意做任何事情。」既然大多數人尤其是對手不願更深入地思考，那若自己這樣去做，豈不就具備最大的競爭力了？

王興曾要求美團的員工要認眞研究人類歷史上首次南極探險，阿蒙森南極探險隊戰勝英國探險隊的故事。我們不妨一起從這個故事中來總結一下經驗教訓。

一個叫羅阿爾・恩格爾布雷格特・格拉夫寧・阿蒙森（Roald Engelbregt Gravning Amundsen）[1]的人組織了團隊去南極探險，還有一個叫羅伯特・法爾肯・史考特（Robert Falcon Scott）[2]的人，也帶著自己的團隊前去探險。當時史考特的裝備比阿蒙森好得多，但是史考特不僅沒有成爲第一個到南極探險的人，而且他的團隊也幾乎全軍覆沒，他自己也不幸葬身在南極的冰雪中。

阿蒙森團隊成功了。

來看一下他們的區別。

阿蒙森團隊的人員數量比史考特的團隊人數少很多，但他們所帶的糧食是史考特團隊的三倍。史考特特別配備好他認爲很好的一些裝備，他的運輸工具是俄羅斯一種特殊的馬，以及剛剛發明不久的雪地摩托。

阿蒙森團隊的裝備是最原始的、北極地區的雪橇犬，數量也多。後來的情況如何？史考特團隊中那些很好的裝備，卻沒能經受住南極的惡劣天氣條件。他們認爲適合南極的俄羅斯馬被凍死了，雪地摩托車在南極很快也壞了，他們只好找人來拖走。

而阿蒙森團隊的雪橇犬很適應南極的環境，成了很好的交通工具。

爲什麼會這樣？

因爲阿蒙森團隊在出發之前想得很透徹：要適應南極的極端寒冷天氣，那些能適應北極極端天氣的雪橇犬，應該是最佳選擇。

在行進節奏上，阿蒙森團隊基本上保持每天約三十公里的行進速度，不疾不徐地往前走。而史考特的團隊，行進節奏則較隨機，例如若天候狀況好，他們可能走快一些，天氣不好就會耽誤很長的時間。最終的結局是條件不如史考特團隊的團隊獲勝了。

對這兩個團隊進行分析，我們就會發現，阿蒙森團隊考慮問題更全面，對各種問題提前思考的深度、廣度，更符合南極的實際情況，也更能適應變化。而史考特的團隊思考問題不夠細緻，是以自己想當然爾的方式去行動。

這就是一方比另一方思考得更透徹，準備更周全，最終獲勝的典型案例。

高手之間的較量，就是「想過」與「想透」之間的角力。

一個人有什麼樣的思維，就會擁有什麼樣的命運。對一個團隊高層主管們而言，事實更是如此。

職場上有這樣一個規律：平庸者改變結果，優秀者改變原因，而更高級的人才改變思維模式。假如你能在思維模式上高人一等，自然能在競爭中獲勝。

## 總在找「最好的辦法」的人，多半已贏在起跑點上

大家一定都聽過「勤能補拙」這句話。但是，勤奮只是一個人能夠變優秀的基本功。想要真正變得更優秀、更有回報和收穫，還得重視方法。

能取得成功的人，往往會儘早透過找方法來尋求「最佳解答」。

前些天，我應邀與多位已工作幾年的青年人交流。他們紛紛對我訴苦，表示自己現下有些迷茫：「天天努力卻總是看不到盡頭，嗅不到到轉機，到底該如何突破自我呢？」

我後來問大家一個問題：「從你們開始工作的那天起，是否曾幫自己做過職涯規劃？是否想過自己想成為什麼樣的人？該採取哪些更有效的方法？」

大多數人對我搖搖頭。

於是，我與他們分享了日本著名物理學家湯川秀樹[3]的故事。

湯川秀樹年僅十九歲便考上京都大學物理系。進校的第一天，他就問教授，什麼是物理學的最前沿？

教授告訴他，這是量子力學（Quantum Mechanics）。

他立即說要把量子力學作爲自己的研究題目。教授反而爲難了，因爲日本當時在這方面的研究很薄弱，甚至連講述量子力學的教科書都沒有。但這根本難不倒湯川秀樹進軍此一領域的決心。他開始自學，而且格外熱衷於閱讀新出版的國際報章雜誌，特別是德文期刊。

因爲他明白量子力學的發源地是德國，量子力學的創立者也主要是德國人。

歷經一番努力後，他很快地便成爲日本最權威的量子力學專家。他後來甚至在一九三五年的理論工作預測到了存在攜帶強核力的介子，提出著名的「介子理論」，預言了介子的存在。而當時他才不過二十七歲。

三年後，美國科學家卡爾・戴維・安德森（Carl David Anderson）[4]在宇宙射線中發現了正電子。再後來，湯川秀樹更因此獲得諾貝爾物理學獎。

不知你看到這樣的故事做何感想？

實際上，我們可從這個故事，以及不少類似的故事中，發現一個很值得關注的現象：那些傑出的人，不論學什麼、做什麼，他們都懂得要用大腦認真思考，尋求「最佳解答」，也就是最好的處理方法。

這種透過思維方式去求得「最佳解答」的人，往往在一開始時就贏了。
時代正在重重獎勵這群透過處處找方法來求得「最佳解答」的人。
是的，最優秀的人往往是最重視思維方式的一群。
就讓我們從現在起，更加重視方法的學習吧！

1. 挪威極地探險家（1872.12.16～1928.06.18）
2. 英國海軍軍官和極地探險家（1868.06.06～1912.03.29）
3. 日本理論物理學家，理學博士（1907.01.23～1981.09.08），在1949年成為首位日本人諾貝爾獎得主。
4. 美國物理學家（1905.09.03～1991.01.11），因發現正電子而獲得1936年諾貝爾物理學獎。

# 不當問題的挑剔者，要做問題的解決人

一位有作為和具影響力的人，不只能夠看到問題，更要懂得解決問題。那種「工作時沒方法，挑毛病時鬼點子多」的人，通常走到哪裡都不受歡迎。

多一點「躬身入局」，少一些高高在上，說話才會有分量，提出的意見會更容易被重視。在向主管提供建議時，記得帶上解決方案，這樣就能幫自己、主管及團隊帶來驚喜。

「職場是什麼？部門是什麼？它們就是不斷遭遇問題和不斷解決問題的地方。」

「要看一個人有無真本事，通常就是觀察他是否擁有解決問題的能力！」

「處處都會有問題。若只會抱怨，那就難有發展機會；越懂得解決問題，在部門內就會越有分量，發展空間將越大！」

我曾爲北京住總集團及相關部門進行內部培訓。培訓期間，北京住總房地產公司人力資源總監姜水結合自己的工作體會，與大家分享了上述這些精彩觀點。

實際上，這代表了新時代用人的重要原則：要勇於面對問題、解決問題，把提升解決問題的能力視爲最重要的工作來做。

那麼，我們該如何成爲一個能夠主動解決問題、並因此在職場獲得更好發展的人呢？

## 避免「工作時沒方法，找碴時幹勁足」

我始終記得某次爲一家研究所進行內部培訓的經歷。

參加培訓的主要人員是該研究所的部門主管，他們都很年輕，培訓開始時大家都很踴躍發言。

但沒想到的是：有位頭髮已斑白的同事總是與人唱反調，尤其對年輕同事的發言帶有些許刻意挑釁的味道……。撐到最後，大家都不願多說什麼了。

我不知道他的職銜或職等，但看他那副威嚴的模樣，想必是一個職等並不低的主管。

但即便如此，我依舊覺得他這種行爲，在這樣的場合中並不好。於是在中途休息時，我與所長簡單溝通了一下，希望他提醒這位「老鳥」有意見可以善意交流，但請不要再以這種挑釁的方式，在課堂上打擊學員們的積極性。

所長因有其他安排所以並未參與聽課，但在聽完我的描述後，他笑了出來……，向我解釋說道：「他哪是什麼主管啊？他就是一個在這邊工作了四十年的普通研究員。本來很有能力，但因為總是喜歡抱怨，瞧不起別人，所以大家對他的印象就是：工作時沒方法，挑毛病時勁道足，所以一直無法被重用。」

「那麼，您為什麼讓他參加培訓呢？」

所長不好意思地解釋說：「再過三個月他就要退休了。那天他看見這次培訓活動的公告，就說很難得，想申請參加，我心裡想，讓他來洗洗腦也好。但沒想到這位仁兄依舊本性難移。看來像他這樣的人，還是早點退休算了。」

這位所長所說的「幹工作時方法少，挑毛病時勁道足」，這句話一針見血地指出了職場中某些人的毛病：一方面缺乏解決問題的方法，也不去提高解決問題的能力，另一方面卻十分熱衷於挑毛病。

這種人往往是過度突出自己，看重自己的面子、利益，不懂得對工作與團隊負責。這樣的人，走到哪裡都是難以獲得主管和團隊認可的一群。

## ◎多一點「躬身入局」，少一些高高在上

每個有才華的青年人，或許都懷有一個能影響主管的夢想。用專業的術語來說，這就叫做「向上管理」。

「向上管理」是誘人的，但想要眞正實現「向上管理」，積極影響主管，卻不是一件易事。假如你是某一所國內知名大學畢業生，目前在一家發展中的科技公司工作，很想為公司做些貢獻。於是，你寫出了一份洋洋灑灑的報告，送給公司的執行長，希望以此展示自己高人一等的眼光和學識，藉此得到高層主管們的器重。但沒想到的是，高層主管們不僅沒有器重你，反倒建議辭退你。

你會不會馬上就懵了，甚至備受打擊？

其實，這是一個在商界廣泛流傳、據說就是發生在華為的故事……。

某位大學畢業生，剛到公司不久，就懷著指點江山的豪情，給公司高層主管們進了一封「萬言書」。

但萬萬沒有想到的是，公司高層主管們不僅沒有重視，反倒指示人事部去查一下此人有沒有精神病？如果有，建議送醫院治療。但如果沒有，提示就辭退他。

上述情況，是不是大大出人意料之外？

但這也延伸出了一個疑問：

員工難道不能向公司和高層主管們提意見嗎？

華爲竟然是那種放任高層主管們獨斷專行、壓制員工提意見的公司嗎？

華爲難道就是全靠高層主管們者的超凡能力，才有現今發展的嗎？

當然不是。

員工完全可以向公司和高層主管們提意見，而華爲也是鼓勵員工提意見的。

其實，在華爲還有另外一個萬言書的故事。而另外那個寫萬言書的人，不僅沒有被排斥，還被連升三級。他就是畢業於清華大學的延俊華博士，進入華爲公司的中試部，根據自己的親身經歷，寫下了約萬字的「千里奔華爲」。

這份報告從不同方面反映了公司存在的問題，而且提法很尖銳，按照一般人的看法，高層主管們在看到報告後，肯定不高興更不重視。但出乎意料的是，任正非稱讚這是「一個會思考並熱愛華爲的人」，甚至安排下屬將原文和討論一併發表在公司內部發行的〈管理優化報〉上，組織各部門同事學習討論，並直接將延俊華提升成爲該部門的主管副手，職等連升三級。

延俊華爲何能享受這種待遇呢？

首先，他所反映的都是自己工作中遇到的問題，例如因未配置一個小工具而導致幾萬元的板子作廢；因缺乏協調，讓一個安裝工程白白耽誤了二十多天……。在這樣的基礎上，他提出華爲「人才濟濟，效率很低」、「不要老強調文化，要抓管理」等問題，提議既眞實也很有說服力。

不僅如此，報告中還提到他如何以主人翁的角色去解決問題的種種做法。這樣一來，他所提出的改進華爲的管理模式、工作方法等建議，自然也就更容易讓人接受了。

那麼，我們如何掌握讓自己提出的建議能被重視的訣竅？

建議大家不妨從華爲的〈致新員工書〉中找找答案：「要有系統地分析並提出建議。草率的提議是不負責任，也浪費他人的時間。特別是新進員工，不要一上車就想踩油門。要深入、透徹地分析，有邏輯地找出問題癥結並提供解決辦法，踏實地做，千萬不要嘩眾取寵。」

是的，從上面兩封「萬言書」的不同命運，我們可以得出如下結論：發現問題，反映問題，在任何組織中都是正常的，有時還是特別被提倡的。但是當你對情況還不太瞭解時，尤其在剛進入一個新部門或新環境時，請不要急著表現自己，不要自認高人一等而莽撞地去下指導棋。

更合適的做法，是深入現實和實踐，找出具體有效的方案。

這就是「躬身入局」。

多一點「躬身入局」，少一點高高在上，才更容易受到認可和器重，得到更多機會。

## ◎向主管提問題，請記得帶上解決方案

在工作中，員工免不了會向主管反映問題。但很多時候卻得不到應有的反應，甚至還會受到抵觸。

這是很令人苦惱的問題。

爲什麼會出現這種情況？

大多時候是這個原因：只知提問題，等著主管解決或出主意，卻沒想到自己主動提出解決方案。

我曾爲中國移動、通威集團、黃金搭檔、奧康集團等衆多企業講過「方法總比問題多」課程。在爲這些集團講課的過程中，我總是強調如下兩點：

第一點，歡迎部屬們向主管反映問題，但不能僅僅是遞出問題，請在提問題時多說一句：「關於這個問題，我覺得可以這樣解決，您看是否可以？」

與此同時，當主管聽到部下反映問題時卻未提供解套方案，也請多問一句：「針對這個問題，你有什麼好的建議和解決方法？」

這個效果十分明顯。在執行這樣的要求後，我不斷收到一些集團的人力資源總監或培訓經理的回饋：

首先，這是一種**「逐層解放管理者」的思維**。從主管的角度講，他們得到了解放，因爲以前往往是部下一提意見，主管就要爲他提供方向，幫助他解決。現在，部下往往能自己想出解決方案或請主管幫助，這樣一來，主管的工作壓力就能得到釋放了。

再者，這是一種**「逐層鍛鍊邏輯和責任感」的邏輯**。從下級的角度講，因爲得逼著自己多動腦筋解決問題，所以變得更聰明了，也更自信了。

最後，這是一種**「加倍提升團隊效率」的觀念**。從團隊的角度看，透過這種方式，各部門溝通更順暢，執行任務也更有力，效率獲得提升。

第二點，部下們在向主管提建議時，記得要讓高層主管們多做選擇題，少做甚至不做必答題。選擇題就是提供幾種方案讓主管選擇，必答題是讓高層主管們沒有選擇，只能接受你的意見。

我常舉這麼一個例子：

美國前國務卿季辛格在處理與總統尼克森的關係，做法就值得好好借鑑。他總是將幾種方案擺在尼克森前面，由尼克森做最終的選擇，絕對不會將自己的意見強加給高層主管們。此舉讓他成爲尼克森最器重的助手，也是理所當然。

這樣做爲何會很有價值？

這一方面維護了高層主管們的權威。讓自己的意見更容易被接受；另一方面，既鍛煉了自己思考問題的全面性、深度和效率，也讓自己的思考能力更加出色。

# 職場的最大競爭力：主動找方法解決問題

主動找方法並解決問題的人，是社會上的稀有資源，也容易受到重視。

哪怕從未刻意找機會，但機會依舊會主動找上門。

在失敗者心裡，問題是障礙，反觀在常勝軍眼裡，問題恰恰是機會；一個人擅於解決問題的高度，決定自己在職場發展的速度。

假如你透過找方法完成了一件乃至幾件讓人佩服的事，通常很快地就會脫穎而出，並且取得更大的發展機會。

在職場中，應該有不少人會有這樣的疑問：

同樣的機會，爲什麼只給別人不給你？

同樣的起點，爲什麼幾年後就拉開了距離？

其實，許多問題往往取決於一點：是否掌握一個在職場發展的核心法則：職場的最大競爭力，來自主動找方法解決問題的能力。

主動是一種態度，是要以主人翁的姿態去面對團隊裡出現的各種問題。找方法是一種能力，是你以現實中的有效手段，解決各種問題的能力。

## 主動找方法的人，最容易脫穎而出

某一個中小企業的董事長，爲我講述了自己破格提拔一位年輕主管成爲董事長助理的故事。

當時，該名董事長出國考察，與新加坡某集團相談甚歡，對方明確表示願與公司簽訂合作意向書。並且約好在他回到公司的當天，就會前來公司做考察。

爲了達到最好的效果，在該集團派員前來考察前，公司就必須先預做一份詳細、有效的財務報告書。於是，董事長打電話安排財務總監負責這件事。但不湊巧的是，財務總監因病休假，旗下兩位經驗豐富的財務專員也出差去了……。

當下接電話的是一位菜鳥主管，工作經歷並不長。董事長對他能否完成這項任務信心缺缺。但既然找不到更合適的人，董事長還是把這個任務交給了他。這位主管沒有停留在僅僅是給外商做財務報告的層次上，而是向董事長詢問了不少問題，包括合作對象是哪家集團，盡可能了解對方目前的情況。

之後，這位主管說：「董事長請您放心，我一定盡力去做，如果有不懂的地方，我會去找總監和其他有經驗的同事請教，保證完成您安排的任務⋯⋯。」董事長雖然給他安排任務，但心中還是忐忑不安，畢竟這位主管缺乏經驗。

但沒有想到的是，等董事長一回到公司，辦公桌上就已擺著完成的財務報告書。不僅品質符合自己的需求，甚至比自己預期的還要好。

經過瞭解，原來這位主管在接到任務後，就立即全力以赴進入戰備狀態，不僅向公司內部有過相關經驗的財務人員請教，還向有過與外商公司合作經驗的其他部門的財務人員請益。就這樣，他所寫的報告不再只是冷冰冰的數字，還有不少正是外商公司感興趣的內容。

這樣的結果已讓董事長喜出望外，而更讓他沒有預料到的是，當他不斷讚賞該份報告書之際，主管卻未立即離開，而是提出另一個問題：「董事長，我上網查了一些資料，發現要與我們合作的企業是新加坡著名的納稅大戶，這家公司在與中國其他公司合作時，格外強調必須依法納稅的問題。我想請問您，我們在做財務報告的同時，是否也要提前做一份稅務報告？」

董事長以前根本沒有考慮到這一點，但他覺得主管提醒的事情很有道理，緊接著就又開始著急了：「是該有啊，可是怎麼辦？他們再過兩小時後就來我們公司了，臨時做也來不及啊！」

這時候，主管笑眯眯地遞過來一份檔案並說道：「董事長，對不起，我沒有事先徵求您的同意，已把稅務報告一併做好了。請您看看是否符合要求？」

董事長拿過來一看後也十分滿意，於是立即做出一個決定，讓這位主管參加與該集團的合作會議。

正如這位主管所料，這個外商公司十分重視該單位的納稅情況，提出查看稅務報告，並且針對報告內容提出許多問題，主管面對質詢時對答如流，令對方頻頻點頭……。

這次洽談順利，雙方很快地就簽妥合作協定。在談到合作爲何能這樣順利時，這家外商公司的代表說：「這家公司太出色了。尤其所做的稅務報告讓我們印象深刻。這些年在開展國際合作時，若我們不提稅務報告，有些公司就不會主動準備。而這家公司提早準備，內容也十分嚴謹細緻。這一點高度強化了我們與對方合作的信心。」

因爲這件事，董事長對這位主管另眼相看，之後就安排了一些機會給他，而他同樣表現出色，讓人很滿意。於是，董事長便將他提拔爲自己的助理。

這個故事一講完，大家紛紛叫好，都說自己的部門若有這樣的主管，肯定也會被重用。

接著，大家一起分析了這位主管受器重的原因：

**第一，不管遭遇什麼難題，他都會想辦法解決，而非推託或找藉口不做。**

**第二，不是單純完成任務，而是思考主管們未曾想到的問題，並主動設法解決。**

**第三，對於工作的成果，總能超出高層主管們的期望。**

這樣的人才，用一句話來概括，就是能將主動負責的精神與有效方法結合的人，是職場最受歡迎的人才，怎麼能不受到高層主管們的特別重視？假如你透過找方法做出一件乃至幾件讓人佩服的事，很快就會脫穎而出，並贏取更大的發展機會。

## ◎弱者視問題如障礙，強者拿問題當良機

方法是針對問題而言的。

有問題才需要方法，有方法才不畏懼問題。

於是，人們面對問題的態度，就會顯示出平庸與優秀的分界，以及弱者與強者的區別。許多人害怕問題，躲避問題，把問題當作前進的障礙，這就是弱

者，註定平庸。與此相反，有的人敢於面對問題，走向問題，並主動將問題甚至難題解決，這就是優秀的強者。

講個發生在我身邊的故事吧！

前不久，教培政策大轉彎，數百萬教培從業人員的職涯面臨轉型。不少人深感無所適從，在抱怨和痛苦之餘難以找到好工作。但是，我認識一位名叫林陳斌的北京大學畢業生，面對同樣的困境不但不慌亂，許多知名集團甚至指名要他加入。

爲什麼爭著要他？

我們可從他剛畢業所從事的第一份工作狀態中，瞭解原因。

按照普世標準，他的第一份工作，條件實在太好了，可能會被特別地羨慕：他所在部門的高層主管們各個能幹，可以獨力完成業務。他跟著高層主管們喝香吃辣行了。但是他在上班一段時間後，覺得這樣下去不行，開始主動向集團的人資主管提出需求，希望能換一個職務？

人資主管問他爲何要換工作？

他表示自己想換一個對自我要求更嚴、能吃更多苦頭以及更能磨練心志的工作。

這樣的要求大大出乎人資主管的意料，於是給他安排了一個更有挑戰性、更需要吃苦的職位。在新的職位上，他的確吃了更多苦頭，遇到更多想像不到的問題。但他不僅沒有抱怨，反倒十分珍惜與問題直接交鋒的機會，解決問題的方法越來越多，進步也越來越快。

在以後的工作中，他一直採取這種「自找苦吃」的方式，去尋找提升解決問題能力的機會，結果越來越能幹，越來越受歡迎。後來，他進入了一家規模非常大的教育機構，負責一個十分重要的部門。公司本來有可能在海外上市，但隨著教培政策的變化，公司無法上市。他也面臨職業轉軌、重新找工作的困境。

但就在這時，多家知名企業向他拋出了橄欖枝。不僅有與他原來的工作性質相同的職位，還有其他的工作職位。最後，他選擇進入一家很有名的大集團任職，從事新能源汽車的研發工作，並且很快便獲得重用。

在回顧自己的成長之路時，林陳斌說：「我很感謝，從第一份工作開始，我對待問題就有一個正確的態度。你越不躲避問題，越能提高解決問題的能力，就越有競爭力。」是啊，對於成長中的年輕人而言，自找苦吃等於自找補吃——吃苦等於進補。

對於想在職場更好發展的人而言，問題恰恰是機會。

## 擅於解決問題的高度，決定了職涯發展的速度

我們不僅要擅於解決自己的問題，而且要擅於主動幫助別人解決問題。

在職場中，你會發現一個很有趣的現象：那些最有機會走上高層主管們職位的人，往往不限於解決自己工作範圍內的問題，還常常幫助部門和團隊解決問題。這樣的素養，往往在他們參加工作的時候就開始顯露。

談起張一鳴，有不少人佩服他。他所創辦的字節跳動公司，創立了抖音、今日頭條等有影響力的品牌。

這樣的奇蹟並不是憑空出現的。如果我們回顧一下他的職場之路，就會發現他從第一份工作開始就有著與衆不同的素養。而這份素養與他面對問題的做法，關係密切。

大學畢業後，張一鳴加入了一家名叫酷訊的公司。他一開始只是一名普通工程師，但在第二年開始管理五十個人的團隊。

他爲什麼能發展得如此快？是不是他技術最好？最有經驗？

其實都不是。

某些媒體在報導中披露了張一鳴的一些心得和經驗：

第一，**工作時，不分哪些是自己該做的、哪些不是自己該做的**。做完自己的工作後，對於大部分同事的問題，只要能幫助解決，就會去做。新人入職時，只要他有時間，就會向新人講解工作要點。

透過講解，他自己也能得到成長。

第二，**做事時從不預設立場或邊界**。當時他負責技術工作，但遇到產品上的問題，也會積極地參與討論、想產品方案。從事互聯網工作的人都知道：工程師與產品經理，兩者的角色通常是充滿矛盾的。

工程師負責開發，但產品經理思考更多的是如何讓客戶更好地接受產品。產品經理有時提出的問題，往往會與工程師的設計理念有出入，大大增加工程師的工作負擔。

負責技術的張一鳴，更願意去學習產品經理的思路，多一種思考和解決問題的角度，他坦承：「我當時是工程師，但參與產品設計的經歷，對我後來轉型做產品有很大幫助。我參與商業的部分，對我現在的工作也有很大幫助。」面對同樣的問題，不少人會說這不是我分內之事。但張一鳴的認識是：「你的責任心，你希望把事情做好的動力，會驅使你做更多事情，讓你得到很大的鍛煉。」

張一鳴的話，讓人聯想起吳軍博士曾提到的一個案例。

吳軍曾問某網站的一位工程師：「一段長達三十分鐘的視頻，在你的網站上被觀看一次能賺多少錢？」

工程師回答說：「我是工程師，這個我不知道。」

吳軍又問：「你們公司產品（視頻）的廣告點擊率是多少？」

工程師回答：「這個和具體的內容頻道有關，也和用戶群有關，和插片的製作也有關。」

看得出來，這位工程師只關心與自己工作有關的事，與自己工作範圍無關的事，他是不關心的。

但是，看起來與工作範圍無關的事，真的不值得關心嗎？

一個優秀的職場人一定知道：自己的工作，僅僅是組織工作中的一部分。其他部門與團隊的有關情況，其實是與自己的工作緊密相關的。所以，雖然沒人要求他這樣做，但他自己應該主動去瞭解和掌握。同樣是工程師，張一鳴和上述這位工程師，兩人的做法是不是形成了鮮明的對比？

假設你是高層主管，你更願意給誰機會、願意提拔誰？

現在有一個詞叫做「內卷」，專指職場人士不得不面對，但卻又想擺脫的現象。那麼問題就來了：當陷入內卷危機時，是張一鳴這樣的人更容易戰勝危機，還是上述那位工程師更容易擊敗危機？

結果不言而喻，像張一鳴這樣的人，一般不會陷入危機，即使出現危機，他也能以最快速度脫離危機。

不僅如此，他還很可能帶領團隊跳出危機。

所以，**不要說「多做一點點」的付出沒有意義，其實點點滴滴都算數，都會成為未來的財富**。

在職場中，面對問題時會出現有三種人設：

第一種，不瞭解自己該瞭解的問題，不解決該解決的問題。

第二種，瞭解與自己職位有關的問題，並且解決掉該解決的問題。

第三種，在對自己負責的同時還對別人負責，在解決自己問題的同時，還能幫助別人解決問題。

這三種狀態，是按著層次高低的順序排列的。

你解決問題的層次越高，你在職場發展的速度就越快。

你能在解決問題上付出更多努力，你就能獲得更多超越別人的機會。

因此從現在起，請經常問問自己，你是否解決了一個或幾個棘手的問題，給別人留下了深刻印象？

你是否做了幾件格外突出的事情，讓高層主管們和其他人讚譽有加？

假如你執行了一件乃至幾件讓人佩服的事，就會迎來更大的發展機會，從一個小小的成功邁向更大的成功！

## 要「埋頭苦幹」，更要「抬頭巧幹」

新時代要有新的敬業精神，那就是重視效率與效益。方向是金，方法是銀。方向是戰略，所以要重視「抬頭」；方法是策略，所以要重視「巧幹」。

不要以戰術上的勤奮，掩蓋戰略上的懶惰。警惕「知識折舊」和「能力折舊」。當遭遇職業瓶頸，就要反醒是否是「將一年經驗用了十年」。不斷發展的人，都是不斷優化自己工作方式的人。

在當代社會，職場上最普遍也最需要解決的問題之一，是「低效勤奮」的問題：不是自己不努力，但是努力的結果與付出不成比例。

一直在奔忙，但一直到不了該到的地方。

甚至還有的人，越是努力，越是吃力；付出越多，錯得越多。

這時候，我們就要更新觀念。

以往，我們提倡「埋頭苦幹」。現在，我們更重視「抬頭巧幹」。

埋頭苦幹要不要？當然要。

沒有足夠的付出，就不會有任何結果。但是進入新經濟時代，更強調效益，就應該更重視方法和效率。

說起「抬頭巧幹」其實有兩層含義：

首先，「抬頭」是戰略問題，至於「巧幹」則是策略問題。兩者結合，就能讓你更有效率。

## ◎勿以戰術上的勤奮，掩蓋策略上的懶惰

雖然我們重視方法，但請你記住這個觀點：方向是金，方法是銀。也就是說：雖然方法重要，但方向更重要。方向關係到的是戰略，戰略問題是關係到全域、關係到發展的根本問題。

當然，從理論上來看，重視戰略也屬思維範疇。我們不應在戰略上犯錯，也不應在思考上偷懶。在這一點上，小米科技的創始人雷軍有過切身體悟。他曾說過：「不要以

戰術上的勤奮，掩蓋戰略上的懶惰。」

雷軍曾加盟金山公司，並擔任北京金山軟體公司總經理等職務。後來，他又創辦了小米公司。小米手機一上市便屢創銷售佳績。公司也在香港上市，其發展速度遠遠超過金山公司的發展。雷軍好好反醒了這一現象：「為什麼有人付出一百分的努力只能換回二十分的增長？反之，有人只付出二十分的努力，卻能獲得一百分的回報？」

「金山公司的同事們非常勤奮，而且聚集了一群最聰明的工程師。但這家創立十六年的高科技公司，卻花了整整八年時間才完成上市。而且是靠遊戲概念達標，這就是『勢』的問題。」

「我領悟到人無法推著石頭往山上走，這樣會很累，而且會被沿途隨時滾落的石頭給打下去。人需要做的是先爬到山頂，然後隨便踢塊石頭下去。」

「我在金山公司待了十六年，是公司的CEO，我有選擇公司發展方向的權力。所謂的成本和機會都在你手上，你可以選。但這只能怨我自己，核心的問題在於我持續研究如何提高戰術水準，而未意識到問題出現在對形勢的判斷和考慮不夠周全。」

我們發現一個很有意思的現象，有些人越忙越窮、越窮越忙。其根本問題就是不願在戰略上花更多時間思考。所以，要讓自己的付出更有回報，努力更有效率，就要在戰略上花更多力氣。從未來發展更好的角度上，安排自己的學習與行動。

劉強東是京東的創辦人。他的成功讓很多青年人羨慕，很想瞭解是什麼造就了他後來的事業版圖。

原因當然很多，其中有一條是從媒體報導中得來的訊息，或許可給大家一些啓示：

劉強東在中國人民大學上學時，曾經追求過一位英語系的女同學。但這位女同學最後拒絕了劉強東，理由是他唸的是「社會學系」，畢業以後不好找工作。

劉強東聽完這個理由，並未放鬆社會學課程的學習，但他的確意識到，若從未來發展的角度來看，自己確實應該多學一門知識，所以最後，他選擇了程式語言（Programming Language）這個方向。他打聽到一個親戚在研究所從事程式設計工作，就每天從學校騎車到研究所去，擠出時間來學習。終於，在那個電腦尚不算普及的年代裡，劉強東利用非常有限的資源學會了電腦程式設計。

多年後，劉強東創業急需資本，找到了今日資本的創始人、被稱爲「風投女王」的徐新。徐新在與劉強東交流投資時，很驚訝地發現社會學系畢業的劉強東竟然會使用程式設計。

更難得的是，劉強東全程沒有使用一張PPT，而是直接打開京東網頁，讓徐新看到了他用互聯網思維創業模式創造的商業奇蹟。徐新頓時被「征服」了。劉強東希望獲得二百萬美元的投資，徐新直接加碼給了一千萬美元！

劉強東學程式設計的故事，或許帶有一點偶然性，但是因爲別人一句話就能激發他從未來發展的角度，學習新知識、新技能，這樣的眼光與魄力，這就是戰略思維的體現。

根據未來發展的趨勢，對自己進行戰略定位並爲此奮鬥，必然會搶佔先機，把握住更好的發展機會！因此請問問自己：「我是在隨波逐流或應付式地學習和工作嗎？是否曾從未來發展的角度，思考接下來該怎麼做？」

## 遭遇瓶頸時，請反省是否「拿一年經驗用了十年」？

「你是把一年的工作經驗當十年用，還是累積了十年的工作經驗？」

這是曾經很受關注的一個話題。

這個話題受到重視，因爲它涉及一個普世現象：工作多年，遇到很大的瓶頸：薪水遲遲不漲，升遷無望，發展空間越來越小。於是有人憤憤不平，有人會發出這樣的疑問：「我的路為什麼越走越窄？」

這時就要認眞反省，時代在快速變化，「知識折舊」、「能力折舊」也越來越快，你是在重複無效的努力，還是與時俱進？

有一個畢業於知名國立大學的人，就曾遇到了這樣的問題。

他在公司一作就好幾年，總是按部就班地完成任務。結果有一天，主管們把他狠狠地批評了一番：「你這個水準還真不如一個專科生。你這個國立大學學位，到底是怎麼拿到的？」這讓他格外羞愧與傷心。

後來他反醒自己到底錯在哪裡？

原來錯在沒有用一種眞正有價值的方式去工作。之後，他參加一些培訓活動，悟出了一個道理：**要受到重視，就要緊密結合自己的優勢與外在的需求**。他發現公司管理有些陳舊，例如如彙報工作時要嘛是口頭表述，別人記不清，要嘛是以文字描述，給人印象也不深。而自己在大學時學過資料管理，擅於分析資料，懂得以圖像的方式來呈現。於是他主動針對公司的一些行銷資料做系統分析，並以圖表形式展示出來。

有一次，集團高層主管們來視察工作，部門主管指派他作彙報。

看到他做的報告，既有資料分析還有醒目的圖表，集團高層主管們馬上肯定地說：「我們的總結與彙報工作就應該是這個樣子，這也是公司日後要改進的方向。」集團高層對他的印象特別好，於是讓他負責更有挑戰的工作，他從此走出了自己的職場新路。

是的，如今的環境要求我們不斷學習新知識，掌握新能力，做出新貢獻。這時想要不落伍，要想有更好的發展，就要讓自己與時俱進。建議不妨問問自己幾個問題：

第一題，我每天、每週、每月、每年都有學到哪些新本事？

第二題，我能爲組織提供更有效率的措施嗎？

第三題，我能爲公司或部門指出有成效的戰略新思路嗎？

如果你能經常思考上述這些問題，不斷自我提升，就能充分突破職業瓶頸，實現新的職涯目標。

## 持續優化自己的工作模式

前面兩條的內容說的是「抬頭」，而這部分內容講的是「巧幹」。

對於一個想要在職場獲得更好發展的人而言，不僅要努力工作，也要學會聰明地工作。這就要不斷複盤，不斷超越，不斷優化自己的工作方式。

資深電視節目製作人、《誰的青春不迷茫》作者劉同，就曾以這種方式不斷發展。

和別的同事一樣，劉同剛到電視台當編導時也經常熬夜工作。剛開始，他以爲做影視工作的人就是這樣。但透過觀察和思考，他發現如果懂得合理安排時間，完全可以更快更好地完成工作。

以前他和大多數同事的工作方法都是這樣：

採訪結束後，拿著拍了兩個小時素材的帶子回到公司，先休息一下，然後再花兩個小時將片子看一遍，接著開始寫稿。寫完後送給高層主管們審核，之後去吃飯，吃完飯之後再開始剪輯編寫片子。

這樣一來，忙到深夜甚至熬通宵也屬正常。

他覺得這樣的工作效率實在太低，於是決定改進以往的模式：

在採訪現場，他會提前確定要拍哪些點，並讓攝影師把這些點都拍下來，同時把能用的都記在本子上。拍攝結束後，利用返回公司的路上先草擬大綱。之後，列印大綱並交給高層主管們審核，總共花不了半小時。主管審核完畢後就開始配音，只消十幾分鐘就完工。

用這樣的方法，別人需要六、七個小時才能完成的工作，他一小時就能做完。從那以後，習慣擠一擠每個工作環節，擠掉多餘的水分和時間，也就成爲劉同的工作習慣。

同樣的事情，比別人有方法、有效率，像這樣去奮鬥，發展的機會就會越來越多。石油大王洛克菲勒在寫給自己兒子的信中，講過這麼一句話：「你要成為傑出的高層主管，就必須讓自己成為一位策略性的思考者。」其實不只是高層主管們需要成為策略性的思考者，在任何職位、從事任何工作的人，都要有策略性的思考：

**怎麼做，才能幫自己的工作創造出更好的價值**？

**怎麼做，才能更有效**？

要想不斷發展，就請不斷優化你的工作方法。

## 不看過程重「結果」，不講苦勞搶「功勞」

沒有效率的忙是「窮忙」、「瞎忙」！
低效勤奮，不僅對不起自己，也是對單位的不負責任。
做任何事情都該有個好結果。不僅要做事，更要做成事；不僅要有苦勞，更要有功勞。
不做「茶壺裡的餃子」，要問自己「能否做出更大成果」？
「結果思維」加上「功勞文化」，才是新時代的制勝之道。

忙碌是許多人的工作常態。

當你很忙的時候，你有沒有想過：這份忙，的確是必需的嗎？的確是有效率的嗎？

要知道，沒有效率的忙是「窮忙」、「瞎忙」！

陷入無休止的忙碌中出不來，最要警惕的是出現這種情況—開始時，你感覺忙，接著就是茫然，再接著就是盲目，也就是「忙……茫……盲」。

這種忙，其實就是一種無效勤奮，看似很努力很忙碌，但實際上，無論對自己還是部門，這都是一種不負責任。

那麼，該如何改變這種現狀呢？

中關村一家著名集團提出這樣的口號：「不重過程重結果，不重苦勞重功勞。」這其實是想讓大家在兩方面努力：一是重視「結果思維」，二是重視「功勞文化」。

換言之，這兩句話已成為當代不少知名企業所宣導的企業文化。這是一個特別適應市場經濟和資訊時代需求的新理念，展現出對效率和效益的高度重視。

## ◎培養「結果思維」：做好了，才叫「做了」

我過輔導過不少中小企業的總經理，大家都向我反映過同一種現象：

安排下級做某些工作，待一段時間後若去詢問對方做得如何，對方通常會回答我：「做了……」但若細問這件事具體情況時，高層主管們均不由自主地搖頭：

「效果怎麼是這樣？你難道不知道標準作業模式嗎？」

這其實是職場中一種常見的現象：

某些人做事時只考慮過程，更貼切地說是只「走流程」，至於效果如何，他從不關心，或認爲這根本與自己無關，無須負責。這時最需培養的就是「結果思維」。不是只「做事」，而是把事做成、做好。也就是說，要對結果負責。

英特爾有六條深入人心的價值觀，宣導要有「結果導向」，其中最核心的就是凡事都要注重落實到結果上。而這個結果是有時效而非無限拖延，他們不會花十年時間想一個史上最完善的方案，而是要始終做得比別人快、比別人好。

我們不妨借鑒知名職業生涯開發與管理專家，程社明先生的經驗。

程社明先生在課程中分享過一段親身經歷。

當時，他在一家從事製藥的合資企業擔任業務員。

有一次，公司通知內勤第二天早上按時到中心醫院會議室開會。第二天，他提前二十分鐘來到會場，但直到會議開始前五分鐘，仍不見其他人影。他感覺不對勁，於是趕緊打電話。一問才知道會議地點不是在中心醫院，而是總醫院。於是他急忙往總醫院趕，結果遲到了十一分鐘。

他認爲遲到不是自己的錯，但經理還是要他寫報告。

當他正在爲自己受到這樣的處罰感到憤憤不平時，當時發生的另一件事情徹底改變了他的認知。

那次會議過後沒幾天，在另一個小型會議上，經理問科長：「我們在上海的市場開發工作做好了嗎？」

科長說：「都做好了。醫藥公司已同意進貨，醫院及藥劑科也同意買藥，醫生、護士都已完成培訓，他們願意用我們的新藥品。」

經理又問：「那為什麼這些藥還堆在我們的倉庫裡？」

科長說：「那是因為天津火車站沒有車廂能幫我們運藥到上海，我也沒有辦法。」

經理聽了，立即拍桌子站起來吼道：「只要這批藥沒辦法送到患者手裡，就是你的錯。你必須解決問題！」

於是科長對程社明說：「咱們現在到天津鐵路局去調車廂。」

程社明心想，鐵路局又不是我們開的，哪能那麼容易，想調就能調到。而科長似乎看出了他的心思，於是說：「經理說得對，只要藥品沒到患者手中，就是我們沒有完成工作。我們去爭取吧。」

後來經過與鐵路局的協商，車廂安排妥當，藥品很快地就運到上海。

透過這件事，程社明明白什麼叫對顧客負責、什麼叫對結果負責。從這個故事中，我們可以看到如何透過對結果負責來確保工作做到位：

**第一，事前先想清楚，要達到什麼樣的目的和效果？必要的話，將它們逐條列出來。**

**第二，為達目的和效果，需要具備什麼樣的條件？應該採取怎樣的方法？**

**第三，哪些條件是已具備的？哪些條件是尚缺乏的？對於缺乏的條件，怎樣彌補？**

**第四，如果發現流程不對，就要改善流程。如果探索方法不對，就要改善方法。**

**第五，不管多困難，秉持「沒有不能做，只有不肯做」的態度，務求盡力達標。**

這是一種全新的做事風格。它讓我們不只是停留在「過程」的層面上，而是對結果負責：做好了，才叫「做了」。

## 拒當「茶壺裡的餃子」，問自己「能否做出更大成果？」

我們經常聽到某些人說：「沒有功勞，也有苦勞。」

他們的理由很簡單，「苦勞」也是自己的勞動，很辛苦，獲得報酬是理所應當的。但是不知道這些人是否想過：沒有功勞只有苦勞，不僅是對自己不夠負責，也是對部門不夠盡責，反倒有可能損耗公司的財力、物力，帶來不必要的浪費。

有一次，我應邀爲國內有名的保健品企業黃金搭檔集團培訓來自全國的業務經理。期間，我發現該公司有關鍵的五條企業文化準則，擺在第一的就是「只認功勞，不認苦勞」並對之進行瞭解讀。「勤工作，明目標，分主次，抓效率。追求大業績，不做無用功。」這種、方式將「功勞」上升到一個更高的層次。那麼，華爲的創始人任正非又是如何認識這個問題的？

任正非用了一個十分具象的比喻：「茶壺裡的餃子倒不出來，無法產生貢獻，所以我們是不承認的。」華爲公司價值分配的基本理念叫「獲取分享制」，意思就是以「倒出來的餃子」來衡量員工的貢獻。那麼我們該如何重視功勞、爭取更大功勞呢？我有一個深刻的體會，就是要培養「能不能出更大成果」的邏輯。

## ◎放棄「低效勤奮」，學習「效率專家」思考模式

可以確定的是，「不重視過程重結果，不看重苦勞重功勞」已成爲一種職場認可的價值觀。

懂得了這一點，我們就要把追求效率作爲基本要求，逼迫自己提高效率。

多年前，劉潤老師曾寫過一篇〈一個計程車司機的MBA理論〉的文章，文中人物就是一個以方法提高效率的高手。那時還沒有滴滴等網約車。許多開計程車的人，做事方式與效率相差不多。但劉潤老師記錄的一位司機，卻讓人看到完全不一樣的情景。

劉潤有一天要從上海的徐家匯趕去機場，於是攔下一輛計程車。在車上，司機向劉潤分享如何運用智慧賺更多錢，而劉潤老師的分析與總結更是十分精闢，讓人感覺這眞是一堂生動有趣的MBA課。

我們來分享一下劉潤老師筆下，這位計程車司機的過人思維：「我做過資料分析，每次載客後，平均的空檔時間是七分鐘。如果一個起程收十塊錢的里程，大概要開十分鐘。也就是每一個十塊錢的客人要花十七分鐘的成本，就是九點八塊錢。不賺錢啊！如果說遇到去浦東、杭州、青浦的客人是吃飯，遇到十塊錢的客人連吃飯都不划算，只能算是撒了些味精……。」

這哪裡只是一位計程車司機發表的言論，這分明是一位幹練的精算師的論述。而更難得的是，這位司機擁有非常出色的時間成本的概念，一般人很難有這樣的意識。

有了成本核算後，接下來該怎麼辦？

「千萬不能被客戶拉著滿街跑。而是透過選擇停車的地點、時間和客戶，主動決定你要去的地方。」那麼這位司機又是如何做到，主動決定自己要去的地方？

「那天在人民廣場，三個人在前面招手。一個年輕女子，拿著小包，剛買完東西。還有一對青年男女，一看就是逛街的。第三個人是穿襯衫、外搭羽絨衣的男子，背著筆電肩包。我看了這個人三秒鐘後便毫不猶豫地停在他面前。」

「這個男子上車後忍不住問我，你為什麼毫不猶豫地開到我面前？……我回答說，現在是中午時分，快一點了。那個女孩子是中午溜出來買東西的，估計公司就在很近；那對男女是遊客，手上沒拿什麼東西，估計不會走很遠；你是出來辦事的，手上還拿著筆電肩包，一看就是公務。而這個時候出去，估計距離應該不會近。」

這個男子聽完笑笑說：「你答對了，去寶山。」

那麼，他這樣做，效果又是如何？

「一般說來，一個司機每個月能拿三、四萬塊錢。做得好的大概有五萬元左右。頂級的司機每月能掙七萬塊錢。全前市區裡有二萬名司機，大概只有二、三位司機是萬裡挑一，每月能拿到八千塊錢。我就是這二、三個人中間的一個。而且收入很穩定，不會有過大的波動。」

這位司機的邏輯真讓人震驚和佩服。和這位計程車司機相比，別的計程車司機做的是同樣的工作、花的是同樣的時間，但爲什麼效益卻相差那麼多？

差別就在於：有沒有效率意識？會不會「用腦工作」？

劉潤老師的這篇文章寫得太好，我認爲這是當時我所見過的最生動又最給人啓示的文章之一，所以不僅在管理課堂上建議大家一起學習並討論，而且將這篇文章引用到我的一本書中，並因此宣導一種「市場經濟時代的新敬業精神」。以往，我們宣導的敬業精神，往往是埋頭苦幹的「老黃牛」精神。那麼，當今時代的新敬業精神是什麼？

就是老黃牛也要插上「智慧和效率的翅膀」。

無論做什麼工作，哪怕是最普通、看起來最沒有「技術含量」的工作，只要加入思考與方法，就能夠做到高人一籌。當我們從一味地埋頭苦幹中走出來，用心去尋找方法時就會發現，原來每一份工作、每一件事情都可用最省時省力的方式拚出業績及效率。

各行各業都可提高效率。

如何提升效率，我們可以向美國汽車大王福特學習。

他不僅是著名企業家，也是一個眞正的效率專家。

福特被譽爲「把美國帶到流水線上」的人，爲何他能得到這樣讚譽？在某種程度上，是由於他發明了現代流水線作業的方式，大幅提升工作效率。福特是一個酷愛效率的天才，曾對人們浪費時間的各種惡習進行總結並大肆抨擊。

下面是福特所總結，人們浪費時間的惡習，對照一下，我們是否也存在同樣的毛病：

- 打太多的電話。
- 拜訪太多朋友，每次待的時間太久。
- 寫過長的信件，其實只要很短的篇幅就可把事情交代清楚。
- 花太多時間處理細枝末節，反而忽略了大事。
- 所讀的東西既無法提供任何資訊，也欠缺啓發性。
- 花在玩樂上的時間太多，次數也過多。
- 與對自己沒有任何啓發的人在一起，時間也過久。
- 花太多時間閱讀廣告傳單。
- 應該著手進行下一項工作時，卻暫時停頓並想解釋爲何這麼做。
- 應該去讀夜校吸收知識，但事實上多數人都把晚上的時間用來看電影。
- 上班時應專心做好事先規劃的工作，但事實上許多人都把時間用來做白日夢。
- 在不重要的事情上投注寶貴時間和精力……

在總結這些之後，福特痛心地說：「人們每天花太多時間在這些沒有必要的事情上，數量相當驚人。除非我們把自己從這些事情中解放出來，否則我們無法成為一個有貢獻的現代人！」

福特總結的這些現象，你是否也有過？

福特的總結，能夠帶給你極大的觸動嗎？

有一位著名的商界精英，工作效率奇高。他是怎麼做到這點的呢？他在每周一上班日開始做的第一件事，就是將當天要做的事分爲三類：

**第一類是，能夠引進新生意、增加營業額的工作。**

**第二類是，為了維持現狀，或使現狀能夠持續下去的一切工作。**

**第三類是，必須做，但對企業和利潤沒有任何價值的工作。**

在完成所有第一類工作之前，他絕不會開始第二類工作。在完成第二類工作之前，也絕不會著手進行第三類工作。他甚至要求自己：「必須堅持養成一種習慣：任何事都必須在規定好的幾分鐘、幾天或幾周內完成，每件事都必須訂下一個期限。如果堅持這麼做，你就會努力趕上期限，而非無休止地拖下去。」這位商界精英透過現身說法，講述了如何分秒必爭、期限緊縮的價值。

若能照他那樣做，你的工作效率肯定也會大幅提高。

## 精神不「滑坡」，方法總比問題多

一個人之所以失敗，在於對問題舉白旗投降；無端放大問題本身，看輕自己。其實，只要努力，怎麼會找不到方法？想方法才會有方法，想方法就會有方法；問題只有一個，但方法卻有千萬種。明白這一點，不僅能提升找方法的自信，你也會越來越強大……。

### 找藉口還是想辦法？失敗 vs. 成功的分水嶺

「只要精神不滑坡，方法總比問題多」，這條標語醒目地貼在許多辦公大樓的迎賓玄關處。

我立即被它吸引，請教主人：「你們為什麼把這條標語擺在公司最顯眼的地方？」

主人微微一笑，爲我說了一個故事。

他講得很平淡，但我卻受到了極大的震撼。

那是一個在家鄉活不下去的年輕人，透過不斷進取和想方法，創造億萬財富的故事。更是一個不斷透過改善方法，改變命運的故事。

如果你也能像他一樣，或許你也能創造出連自己都不相信的奇蹟。

在內蒙古一個偏僻、貧困的小村莊裡，有一位再普通不過的年輕人。有一次，家人生病，卻因沒有錢，所以根本請不起醫生。萬般無奈下，年輕人想向鄉親借很少的一些錢給家人看病，然而走遍整個村子，也沒能借到……。

不是鄉親不願意借，而是因爲他們實在太窮了。

這件事對年輕人造成極大的刺激。他覺得自己若繼續待在村子裡，未來肯定毫無希望。於是在十九歲那年，他帶著六個窩窩頭，騎著一輛破單車，來到八十公里外的城裡謀生計……。

大城市裡的工作本就不好找，加上他高中都沒有畢業，要找一份好工作更是難上加難。之後好不容易在工地找到一份算日薪的臨時工。每天的薪資對他而言這只夠吃飯、租個睡覺的地方，但即便如此，他還是想盡辦法每天省下一點錢，接濟家人。

儘管生活十分艱難，但他還是不斷地對自己說：「絕對不能永遠這樣……。」而要與衆不同，就得比別人多付出努力。抱著這種信念，他不斷地努力。兩個月後，他被提升為材料員，也順利調薪了。

這是他的第一個階段：依靠比別人多付出而得到了第一步的發展。

來到第二步，他開始重視方法。

他認為要在新部門站穩腳跟，就得創造別人沒有的價值，成為不可缺少的人，得到大家的認可。那麼，怎樣才能做到這點？

想了很久之後，他終於找到了方法：

工地的生活十分枯燥，他心想，能否讓大家的生活過得豐富一點？於是，他拿出自己省下來的一點錢，買了《三國演義》、《水滸傳》等名著，認眞閱讀後，講給大家聽。從那以後，晚飯後的日子是大家最開心的日子。工友們開心的笑聲，都是對他的極大獎賞。更沒想到的是，某個晚上，老闆來宿舍檢查，看到這一幕，覺得他是一個能給大家創造價值的人，同時也發現了他有不錯的口才，決定讓他試試看去當個業務員。

這是他的第二個階段：盡力打造個人影響力。

接著，他進入第三個階段：將主動找方法的特長，運用到極致。

對工地上的所有問題，他都抱著一種主人翁的心態去積極處理：夜班工友有隨地小便的習慣，怎麼說都沒有用，他想辦法讓大家文明如廁；一名工友性格暴躁，喝酒後與承包方發生爭執，他想辦法平息矛盾，做到讓大家都滿意……。

別看這些都是小事，但高層主管們都看在眼裡。慢慢地，他成爲主管們不可缺少的左右手。

之後，他就進入第四個階段：抓住良機創業。

有一天，工地高層主管們告訴他，公司本來承包了一個工程，但由於這樣那樣的原因，工程可能做不下去，決定放棄了。身爲一個凡事都愛想方法的人，他力勸高層主管們別放棄。主管們看著他充滿自信的臉，突然說了一句話：「這個案子我沒把握做好。如果你有把握，可以由你領頭來做，我願意協助你。」

他幾乎不相信自己的耳朵，這不是給自己提供了一個創業的大好機會嗎？

他毫不猶豫地接下這個案子，努力地逐步實踐夢想。

但遇到的困難是出乎意料的，光要蓋的公司大小章就有十七個，但他還是想盡辦法，一個個都蓋下來，終於，專案如期完成。

他取得了人生的第一桶金。

在他北漂打工滿五周年的時候，他算了一下自己的身家，目前已存下了三百萬元。

這位年輕人嚐到了持續進取和不斷想辦法解決難題的好處，從此更加努力。後來他不僅擁有當地最大的建築團隊，還是內蒙古最大的草業經營者之一，每年有上萬個農民給他提供玉米、草等飼料。

擁有很多財富的他，在貧困的故鄉興建了一個舉世聞名的金黴素生產廠，很多父老鄉親都跟著他走上了脫貧致富的道路。

這位創造奇蹟的人，就是帶我參觀企業的主人，他叫王東曉，是內蒙古金河集團的董事長。

與王東曉的交流是一種享受。他說：「我為什麼要讓每個員工都認識到『只要思想不崩潰，方法總比問題多』的理念？因為我覺得這是成功最重要的理念之一！人的一生總是不斷遭遇問題並與問題終生戰鬥的過程。問題無窮無盡，假如我們不主動找方法解決，我們怎能打贏這場『戰爭』呢？」

他繼續強調說：「我們之所以不成功，就在屈服於問題之下。無端放大問題，看輕自己。其實只要你努力找方法，怎麼會找不到呢？而且找得越多，你就越來越會找，所以當然是方法總比問題多了！」

很有意思的是，不久後我參加內蒙古另外一家著名企業蒙牛乳業時，董事長牛根生也對我說：「信奉方法總比問題多，並在工作中不斷去找方法解決問題，這是每個人最重要的素質之一。在公司裡，不管是高層主管還是員工，只要秉持這樣的精神，有什麼困難無法克服、有什麼問題不能解決！」

其實，不止在內蒙古，在北京、上海、香港、新疆……這些年我都遇到了不少優秀的人，不管是高層主管們還是員工，他們的確都有著這種「方法總比問題多」的精神。

「方法總比問題多」的關鍵在於「只要精神不滑坡」。那麼，怎樣才能「精神不滑坡」呢？

## 想方法才會有方法，想方法就會有方法

這是充滿魔性的兩句話。

前面一句說的是：方法不會自動生成，只有你認眞去想，它才能產生。

後面一句說的是：只要你下工夫去想，好的方法就有可能產生。

這兩句話對我們如何提高思維方式，是很有幫助的。

沒有人能一步登天。天才也非天生之才，而是不斷鍛煉自己腦力的結果。知道了這兩點，不管起點如何，我們都能透過不斷找方法、開發腦力以求得更大發展。

美團是當下創業成功的案例之一。之所以成功，與創始人王興和他的團隊擅於思考、擅於解決問題很有關係。但是他們也並非向來就這麼會解決問題。重讀王興與夥伴們的創業歷史，我們就能看到，他們如何從不會到會、從青澀到高手。

王興早期創業時，團隊裡有一個明顯的缺陷：只注重開發產品，缺乏市場推廣力。這也難怪，他畢竟是創業團隊中的理工男，性格耿直。市場推廣能力本就是他的弱項。

怎麼辦？

記得不斷提高自己，嘗試多想方法吧！

於是他們設計一個社交網站。

當時，多數人認爲社交網站是陌生社交，上網是爲了認識陌生人。當時有一句話很流行：在互聯網上，你不知道跟你聊天的是一個人還是一條狗。但王興他們覺得應該做一個熟人社交的網站，這就是他們做出的最重要的決策：做一個基於眞實關係的社交網站。

這是一個極富革命性的想法。但是出於不熟悉模式以及自我保護的心態，大家並不願意在網站上留下眞實姓名。既沒有現成經驗，也沒有行銷大師做推廣，但他們憑著樸素的生活經驗，開始尋找打開影響力的方法。

第一次推廣的方法是，參與清華電子系學生節門票抽獎活動。

清華電子系是一個擁有上千人的大系。但由於禮堂只能容納幾百人，每逢學生節，往往一票難求，通常一個六人寢室只能分到兩張門票。

這時候，王興他們就贊助電子系學生節活動，用一千元換來一百張門票，拿著這些門票在官網上做抽獎。在抽獎中，他們要求註冊者必須填寫郵件信箱、姓名並上傳大頭照，要求資訊必須都是眞實的。

這一下子招集到八百多個眞實使用者，都是清華電子系的學生。

當時北京地鐵線路不多，有些班次的發車時間也不方便。一到放假，很多學生需要半夜去火車站，等到凌晨三、四點才能趕上火車。

那麼，能否透過協助大家方便去火車站搭車，順利拉到客戶呢？

於是他們想到另一個點子：租大巴士將大學生從學校送到火車站。

在官網上發起這場活動：

清華、北大、人大三所學校的學生，需要在網站註冊帳號，爲了安全起見，必須上傳眞實頭像，填寫眞實資料，名字、學校、專業，填寫哪一天哪個時刻到哪個火車站，同一時刻同一地點的，只要湊夠五十人就發車。

這是一個很好的創意，激發了參與者自發推廣。

爲了早點湊滿五十個人，學生主動到處宣傳，拉同鄉校友註冊報名同一輛大巴士，甚至還沒上大巴士就知道同車的人有誰。而更有意思的是，有些男生爲了跟某位女生同車，哪怕不坐火車也要搭大巴士去火車站。

大巴士一天的租金是五百塊錢。王興花了一萬四千萬元募集到八千名新用戶。這些種子用戶，跨學校、跨專業，男女都有，同學們逐漸開始在這個網站上互動起來。

當然還有其他即興的點子，如在晚自習時衝進教室，迅速在黑板上寫上官網的宣傳語。此外，還曾採用校園大使的辦法進行線下推廣等。應該說，他們所採取的方法有些並無多大效果，但也有效果奇佳的。就是在這種不斷行動、不斷嘗試中，他們慢慢摸索出各式推廣的方法，一個純工科背景的團隊，透過不斷嘗試與訓練，成爲行銷高手。

我常常在培訓中，給學員傳達一個觀念：「引擎只有發動起來才會產生動力，同樣地，想辦法才會有辦法！」

王興和他的創業夥伴，從不懂得推廣到後來想方法做推廣，實現理想效果的經歷，給了我們難得的啓示：人的思維神經有如人的肌肉。不勤練，好的肌肉也會萎縮。相反地，越練習就能越強大。

越去找方法，便越會找方法。只要能夠戰勝對艱難的畏懼，下決心去思考，就會越來越掌握找方法的竅門，越來越強大。

## ◎「問題」只會有一個，「方法」卻有千萬條

我曾經應邀爲《重慶晨報》、《重慶日報》做培訓，對先後擔任這兩家報社總編輯的張永才分享的經歷和感悟，留下了深刻印象。

我覺得，那是對「方法總比問題多」的最佳詮釋。

當時講課的主題是「做最好的中階分子」，其中提到一個「超越汗水型的中階分子，做智慧型中階分子」的觀念，就是要大家不要停留在「忙」和「累」的層面，而要多動腦筋想方法，去創造性地開展工作。大家覺得這個觀點很好，但是如何去動腦筋解決問題呢？

部分學員還是有點畏難：「有些問題實在太難解決，有時真的就是束手無策啊。」

這時候，張永才總編輯現身說法，講述了自己的一段親身經歷：

多年以前，他是西南地區一家報社的廣告部負責人。

部門當時由他起頭，要做一次該省有關企業在全國打開知名度的活動。他透過分析，覺得競爭中央電視台新聞聯播後的廣告時段是一個不錯的選擇，便組織了一批企業家去中央電視台參訪。

但接觸後他才知道，該時段的價格不斷上漲，尤其這幾年競爭「標王」的活動，使得當年該時段的廣告價格大幅提高。而與此相矛盾的是：這次該省參加在全國打開知名度的企業，實力相對不足，要單獨拿下那個時段的廣告，都有困難。

但張永才沒有放棄，透過認真思考，他突然有一個靈感：電視台只要在某個時段裡能拿到相應的廣告費就可以，並未說一定要某家企業包下這個時段。假如讓幾家企業共同包下這個時段，不是也可以嗎？

這是一個以前沒有想過的做法，但當張永才把這個想法與中央電視台溝通時，竟然很快地便取得授權！然後，張永才將這個消息告知同行的企業主們，許多人立即報名。

面對一個難以解決的問題，張永才抱著非解決不可的態度，換個角度想想，竟然很快就解決了！

在談到如何解決這一問題時，張永才講了一個非常精彩的觀點：「問題只有一個，方法卻有千萬條！

「問題是死的，人是活的。這條路若不通，換個方法或許就成了，怎能輕易放棄呢？」

講得眞好。

我認爲，這正是「方法總比問題多」裡的核心價值，更是「只爲成功找方法，不爲失敗找藉口」的最佳註解！他的這個理念不僅提高我們解決問題的自信，更讓我們擁有找對方法的能力。

那麼在實際生活中，我們該如何透過改變邏輯思考，將「絕不可能」改爲「絕對可能」呢？其實可以這樣做：

**第一，將「我做不到」改成「我應該如何做」。**

**第二，將遇到的問題和困難逐一列出來。**

**第三，思考若要解決這些問題和困難，需要具備什麼條件？**

**第四，創造條件，促使問題徹底被解決。**

# 成爲職場高手的四招必殺技

我能用什麼辦法，解決我自己的問題？（本職工作）
我能用什麼辦法，解決其他人的問題？（超越「本職工作」）
這個問題有什麼「更好的答案」？（更有效率）
我還能有什麼方法，完全消解這類問題？（根治問題）
四大絕招，可以讓你成為職場高手：
這也可分為四大層次。只要你圍繞這四點不斷想方法，就會成為越來越受歡迎、越來越有發展的人。

在職場上，我們發現許多人的發展是不一樣的：有人爬行，有人正常速度前進，有人在奔跑。而有人卻是搭火箭一飛衝天。

其中區別在於這個人面對和解決問題的能力。

在我講授「方法總比問題多」的課程時，總有人問我：「老師，我們懂得不找藉口找方法的重要性。能不能提供一個行之有效解決問題的技巧，讓我們經常練習，成為格外有發展力的人？」

經過多年研究，我發現優秀職場人士在擅於解決問題方面，往往有四大絕招。這四大絕招可以概括爲四句話，既簡單易記，又有很好的操作性。只要經常問自己這四句話，並在這些方面努力想方法，就可能成爲不斷有發展的人。

## 我能用什麼辦法，解決我自己的問題？

這是從完成本職工作的角度解決問題。這裡有兩大關鍵：

第一是，不要找任何藉口。

第二是，找到切實可行的方法，直到解決問題。

有一次，在一個高級總裁班上，我讓大家分享自己職場進階的心得。一位姓黃的總經理講述了自己的故事：

十多年前，他在一家建築材料公司當業務員。當時公司最大的問題是如何追帳：基本上這家公司產品質量不錯，銷路也不愁，但產品銷售後總是無法及時收到款項。有一位老客戶，買了十萬元產品，但總以各種理由遲遲不肯付款，公司陸續派了三匹人馬去追帳，但就是無法順利拿到貨款……。

他當時剛到職不久，就和另外一位姓張的員工一起被指派去討帳。過程中想盡辦法，客戶最後終於同意付錢，但叫他們過兩天再來拿。

兩天後，他們趕過去，對方給了一張面額十萬元的現金支票！

他們高興地拿著支票到銀行兌現，結果卻發現，客戶公司帳戶內只有九萬九千九百二十元……。

很明顯，對方又耍花招，他們給的是一張無法兌現的支票。

第二天就要放春節假，如果不及時拿到錢，不知又要拖延多久。遇到這種情況，一般人可能一籌莫展了。但是他突然靈機一動，拿出一百塊錢，讓同去的小張存進客戶公司的帳戶裡。

這樣一來，帳戶裡就有了十萬元，他立即將支票兌現。

當他帶著這十萬元回到公司時，董事長對他大加讚賞。之後，他在公司不斷升職，先是成爲部門經理，之後當上了公司副總經理，後來又當上了總經理。

這個精彩的討帳故事，博得了大家熱烈的掌聲。

在談到爲什麼能做到這點時，他總結說：「不管是誰，不管在任何職位，先要把自己的本職工作做好。遇到問題時絕對不要躲避或敷衍，而是主動想辦法解決。因為這是你的責任！」

從職位的要求意識到這是自己的責任，要解決問題，還有很重要的一點，就是不斷想辦法提升自己。我所在公司從前有一位年輕員工，從事的是客服工作。

一次，有位老客戶打電話過來，在交流過程中把她罵了一通，她向我訴苦。可是，關於服務工作，我們一直宣導「把『對』先讓給客戶」。於是，我不僅沒有認同她，而且讓她反醒在這次與客戶交流過程中，有哪些需要改進的地方？……她當時臉一下就漲得通紅，眼淚在眼眶裡直打轉。

我那時因爲急著去培訓，所以很快就走了。

培訓結束時已很晚，我回公司取一份資料，發現辦公室亮著燈，她竟然還沒有回家，而是在複習與反省：一方面回想自己在這次溝通中的不足之處；另一方面也在找資料學習如何提升溝通技能。慢慢地，她與客戶的交流越來越順暢，經常是「零阻力溝通」，成爲客戶印象最好的員工。後來，她還被提拔爲客戶部經理。

上述故事，告訴我們一個職場發展的基本規律：**不要抱怨沒有機會。先做好本職工**

**作，解決屬於自己的問題，這就是機會。**

透過解決這些問題，你勇於負責的態度和解決問題的能力，才能獲得印證，你也才會擁有獲得認可的資本。

## ◎我能用什麼辦法，解決其他人的問題？

這就是要跳出「本職工作」的界限，關心團隊、部門等方面的問題，尤其是對部門和團隊發展很重要的問題。

在這方面，知名專業經理人李開復爲大家樹立了好榜樣。李開復歷任微軟副總裁和谷歌副總裁等職。剛入職場時，曾在蘋果公司擔任技術工程師。

有一段時間，公司經營狀況不佳，員工士氣相對低落，如果不立刻找到突破口，只會讓問題越來越嚴重。這些問題本該由市場部來解決，並不在李開復的工作範圍內。但李開復並未這麼想，他認爲身爲蘋果公司的一份子，理應主動說服大家去解決問題。

直到有一天，他發現這樣一個現象：

蘋果公司擁有許多優質的多媒體技術，可是因爲沒有使用者介面設計領域的專家介入，導致技術無法形成簡便、易用的軟體產品。

他興奮地想著：「這不就是一個問題的突破口嗎？」於是，他立即寫了一份題爲〈如何透過互動式多媒體再現蘋果昔日輝煌〉的報告，提交給公司的管理層。

他的意見得到公司管理層的高度重視，一致決定採納。不僅如此，公司還將他提升爲媒體部門的總監，讓他挑大樑來領導解決這個問題。李開復不負眾望，儘管遇到各式的難題，他依舊堅定地帶領團隊解決。結果，蘋果公司平安渡過這次危機。

多年後，李開復遇到一位當年在蘋果公司的主管。主管感慨地對他說：「如果沒有那份報告，公司很可能錯過在多媒體方面的發展機會，今天，蘋果公司的數位音樂可以領先市場，你那份報告的功勞甚大啊。」

如果你是李開復，遇到這樣的情況，會怎樣做呢？

可能有人想不到這些問題，也不會去攬下這種「份外之事」。因此，李開復了不起的地方，體現在以下幾點：

首先，**把部門的問題當成自己的問題來解決**。

其次，**超越自己的位置，思考更高層級的戰略問題**。也就是說，部屬也要從主管的角度來思考問題。

最後是，**不只是主動發現問題，還要擅於解決問題**。

這正好印證了這樣一句話：當你將文書工作做成了具備總裁等級的水準時，那就不愁沒有升職和發展機會了。

## ◎是否能幫這個問題找到「最好的答案」？

如何幫手邊的難題找到「更好的答案」，不僅滿足於解決問題，而是進一步尋求更好的解決方式。也就是說，**解決的方法要更有效率，並能帶給人驚喜**。

在青島某商場工作的海爾空調業務員劉玉華就是一個典型例子。

有一次，天氣特別炎熱，她接到一個電話：「我想選購那套MRV一拖三空調，但我丈夫出差了。天氣又這麼熱，你們能馬上幫我安裝嗎？」因為電話購買空調的用戶實在太多，忙碌的劉玉華一開始並未發現個案有什麼特殊性。

但就在即將掛上電話時，劉玉華發現了一個細節：電話裡有小孩子的哭聲。劉玉華聽到便立即回應對方：「請放心，我們的安裝人員半小時內趕到……。」掛上電話，劉玉華馬上安排人力前去安裝，順便調派一名女同事帶著一盒痱子粉同去。二十分鐘後，海爾的安裝人員到達用戶住處，開始安裝空調。

與此同時，同行的女同事發現女主人抱著的孩子一直哭鬧不停，就請女主人檢查小孩的後背，發現果然起了痱子。女同事看到了便立即拿出預先帶來的那盒痱子粉，輕輕地幫孩子塗抹。其餘的則擺在床頭。大概是痱子粉讓孩子舒服許多，一會兒工夫便熟睡了。

女主人被這個貼心的舉動深深感動：「我本來只想買一套空調，可是你們卻為我帶來這麼多關照。」感激之餘，女主人把痱子粉的故事跟鄰居分享，大家之後都陸續安裝了海爾空調。

小小的一盒痱子粉卻感動了顧客並換來認可，爲公司引進更多的效益。

最早想到並安排人力送痱子粉的劉玉華，就是因爲常比別人想得多，能給客戶提供超乎想像的服務，獲得了「十大創造感動的海爾人」的稱號。那麼，從方法學的角度講，她又帶給我們什麼啓發呢？

**第一，提高工作標準。把工作「做完」是不夠的，優秀的人更重視把工作「做好」。**

**第二，「用手不如用腦，用腦不如用心。」一流的職業素養和方法，更多來自勤於**

**用腦和積極用心**。

**第三，你為他人創造驚喜，他人可能改以更大的驚喜回報你**。

我認為，不管是與客戶打交道還是完成高層主管們遞交的任務，按實現結果可分三種狀態：分別是讓人失望、滿足期望、超乎期望。

最優秀的人，往往是超乎期望的。

尋求這樣的「更好的答案」可能遭遇更大的挑戰，但是你的能力會獲得大幅提升，也能創造更好的機會。如果我們在工作中都不只以完成任務為目標，而是尋求更好的答案，無論做什麼工作都能獲得成長。

## 我還能想到什麼辦法，把這個問題「徹底消除」？

請注意，這裡說的是「這類問題」。

表現在具體做法上不是解決問題，而是根治問題。

我們且再來看一個發生在海爾集團的真實故事：

海爾集團電子事業部的配送績效欠佳。海爾物流推進本部負責人霍勝軍前往現場仔細觀察，一盯就是六周。他不僅要發現問題存在的癥結，更想實現一個目標：讓六個人的團隊完成需要二十一個人才能做到的任務。

原本二十一個人來做都可能無法完成的事情，現在只讓六個人去做，這不是天方夜譚嗎？但即便如此，霍勝軍還是決定選出六位經理，請他們各就各位，讓其餘十五人到「休息室」暫時休息一下。

果然一開始就出現問題，生產線不斷發出「缺料！」、「某原料快不夠用！」、「原料擺錯了！」的警告單，這六名料經理手忙腳亂，還是無法及時處理危機。

難道眞是人手不夠用？

但霍勝軍視察後認爲，人手絕對夠用，就是流程不太對。

接著，他與配送中心、資訊中心等部門一起商討，進行流程大改革。很快地，物料周轉庫跟上掃描系統的速度，出入庫物料資訊也能做到及時反饋。他

甚至要求發料部經理「投入產出」需一致，完成人力、訂單、收入三者平衡。這樣一來，原來並未被發現的問題一一暴露出來。例如某次，發料部經理因投入產出不一致，直到晚上九點多進行庫存盤點時，被事業部警告十一次，更被要求賠償。

這位自尊心很強的老員工第一次被「索賠」，竟然哭了出來：「這幾周你們怎麼說，

我就怎麼改，每天早出晚歸，兒子已經近一個月沒看見我了。我這麼賣力，憑什麼還要罰我？」

對於這件事情，霍勝軍心裡也十分難受，但他認爲提高員工的做事能力這件事不能鬆懈。他分析整合資源，對貨架進行「資訊化」改裝，發明了「智慧貨架」，生產線上只要缺哪種料，擺在貨料陳列架上方的紅燈就會亮起來……。

六個禮拜過去了，這六名經理終於完成需要二十一人才能達成的任務，讓經理送料的錯誤率降到零……。

更有意思的是，那位曾被索賠的經理一周內發現了事業部材料單的六次錯誤，得到了相應的「增值」報酬。這樣的做法，就是從根本上解決問題的方法，是最值得重視的方法。

值得一提的是：這樣的一種程式制定，不一定是管理者或高層領導的職責，即使剛踏入職場的人也可以做到。

曾在網路上看過一則小故事：

有一個公司經常在招聘實習生。工作內容很簡單：讓實習生協助翻譯 Word 檔上的文章，再用 Excel 登錄資料，或用 PPT 製作動畫即可。而實習生們一般都能根據要求照做。

後來，公司來了一個新的實習生，卻有不一樣的做法。

第一天，當她接受任務—翻譯一份 Word 文字檔時，她主動向安排工作的前輩詢問：「這是什麼報告？翻譯給誰看？需要整理出大意還是逐字逐句翻譯？」幾天後，前輩又讓她準備一份內部溝通郵件，並主動告訴她爲什麼要寫這份郵件？發給誰看？有哪些內容？同時提出諸多要求。之後，當她將郵件發給前輩時，同步附上一個文稿：「那是一個如何做溝通郵件的指南，並告知前輩以後有實習生再來工作，可以照此辦理。」這樣的做法，讓帶她的前輩激賞不已，認爲在實習階段就能這樣工作的人，未來肯定前途無量。

爲什麼？

她不是機械式地完成任務，而是釐清工作目標，根據目標去考慮各種要素，妥善解決問題。不僅如此，她還能舉一反三，根據工作要求做出範本或指南，這樣一來，新的實習生就可照此範例執行，減少摸索的時間，也讓部門和高層主管們減少指導新進員工的成本。

能這樣去思考和解決問題的人，不管是普通職員、部門主管還是高端經理人，對誰來說都是最值得認可，也最有價值的瑰寶。

Chapter 2

# 心戰制高點：與害怕「問題」直球對決

# 從「怕」思考，到「愛」思考

成為一個有方法的人，首先要掌握的第一要務是：擅於思考來自「樂」於思考。用腦意識比用腦能力更重要！

「思」本身的意識，而非談論技巧，這才是智慧的原點！

勇敢、樂於思考是態度，擅於思考則是方法。

態度是方法的基礎。想要擅於用腦，則你必須先「樂」於用腦！

任誰都想讓自己變得更聰明……！

如何變得更聰明？

當然是學習和掌握更好的思考模式了。

而一旦聽到這邊，估計大家肯定就會開始說：「好呀，那請多告訴我一些好的思考模式吧！」但在學習具體的思考模式之前，還有一件更重要的工作，那就是：培養動腦的意識。

## ○不怕不聰明，就怕不動腦

多數人為何不聰明，關鍵不在於缺乏思維技巧，而是存在討厭思考、畏懼思考、躲避思考的態度！然而思考的確是一件苦差事。

有些人之所以聰明，正是因為他們勇於形成這個「轉換」——將躲避用腦轉化為樂於用腦。愛迪生在十七歲那年，就以二重發報機的發明開始了科學發明生涯。嚐到思維價值的他，就在實驗室的牆壁上寫了一張標語提醒自己，內容則是雷諾茲爵士（Sir Joshua Reynolds）[1]的語錄：「人總是千方百計躲避真正艱苦的思考。」

下面是愛迪生自己說過的一句話：「從不下定決心去艱苦思考的人，往往就會失去生活中的最大樂趣。」這種說法耐人尋味，因為他一方面完全承認思考是艱苦的，而另一方面又承認思考恰恰是他人生的「最大樂趣」！也就是說，艱苦的感覺是可以被超越的，甚至轉化為一種「樂」！正因為有這樣的意識，愛迪生終其一生的發明多達近二千件，平均十五天就有一項發明問世，被稱為「世界發明大王」。

在職場上，最終打敗你的不是「不聰明」而是「不動腦」。假如你能勇敢面對問題，主動解決問題，問題很可能就會迎刃而解，而你也會變得越來越聰明。

我與很多學員分享過這樣一段親身經歷：

一次春節放假前夕，我準備給每位員工的媽媽買份禮物，於是走進公司附近的一家知名藥妝店。心裡想著應該要買點什麼才好呢？而在東挑西選後，我看中了一款綜合維他命。

但沒想到臨櫃結帳時，櫃員表示這個產品目前只剩下兩盒，離我要求的數量還差很多。

「能否幫我調貨呢？」我跟專櫃人員商量。

他告訴我：「那您得等上三天才能收到商品，因為第一天呈報上去，訂單第二天才能夠到倉庫，第三天才能幫您送貨。」可是我心想員工們下午就要回家過年了，那怎麼來的及？

於是我接著又問他：「有沒有可能更快一點呢？」專櫃人員們都對我搖搖頭……。

這時我開始引導他們：「你們這家藥妝店是開業已有多年歷史的老店，信譽很好，現在顧客急著要貨。你們就不能幫忙想想辦法？」

從他們的表情來看，這話起作用了。於是我又鼓勵他們，大家開始一起探討其他的可能性。這時，一位姓孟的女櫃員說：「我們可以試試看向附近的其他分店打個電話，看他們有沒有貨。如果有的話，我們可以先向他們借，三天後再還。」

大家都覺得這個主意不錯。於是櫃員很快到裡屋打電話去了。不久，她滿臉笑容地出來了，說：「先生，我剛才給附近一些分店打過電話了，他們的存貨也都不多，但幾家分店湊起來的數量是夠用的，所以請您先到樓上的辦公室等一下，我馬上去幫您把貨調回來……。」

問題就這樣迎刃而解，對他們表示感謝，這家藥店的經理也向我表示感謝：「謝謝你激發了我們員工主動想辦法去解決問題。經過這件事後，我們明白了一個道理：不是沒有辦法，而是不去想辦法。只要用心去想辦法，不可能就變為了可能。」這雖然是件小事，但也充分說明：**「想辦法」是想到辦法的前提**。如果只躺著讓腦袋放假，那就算是天才，面對問題時也只能一籌莫展。

百度前總裁張亞勤講得好：「有時別把問題當成問題看待。當我明白工作就是要解決問題時，我不會再躲避，而是勇於接受挑戰。只要想辦法，就一定有辦法。而且會有更好的方法出現，這很大程度上是來自於想要解決問題的那份決心。」

## ◎在獨立思考中，體驗「邏輯變強」的快樂

現實中，人們往往有這種習慣：

遇到問題或遇到某件重要但複雜的事情需要處理，心裡閃過的第一個念頭就是先徵求他人意見，但要成為一個優秀的思考者，其實更需要自己思考。不是請人幫助你解決問題，而是先學會自己思考、自己去解決問題。

換言之就是，不是請教別人幫自己拿主意，而是學會自己拿主意。

在北京冬奧會期間，有一個「傳奇少女」谷愛淩。這個不滿十九歲的少女，憑藉超強實力和超強心理素質榮獲世界冠軍。一些媒體在報導她為什麼能取得這麼大的成功時，曾提到她具備一個十分重要的特點──「獨立思考，擁有自我選擇的能力。」

她的第一個選擇是，選擇學習當時在滑雪學校裡，沒有女孩學習的「自由式滑雪」。

第二個選擇是，在同樣擅長的滑雪和田徑項目之間，她選擇了滑雪。

第三個選擇是，為了參加奧運會，要先預備充分的集訓時間，所以開始在家自學高中課程，並且提前一年畢業。

第四個選擇是，為了考上夢想中的史丹佛大學，她在那一年只訓練了六十五天滑雪，

全力備考。

第五個選擇是，她在自己十六歲時選擇加入中國國籍，為 2022 年在北京舉行的冬季奧運備戰。

第六個選擇是，代表中國參加奧運會並取得獎牌，為此，她像就讀的大學申請休學一年，準備用一年時間專注備賽。

看到了嗎？她的選擇從來都不是因為衝動而來，而是一場精心安排和調整自己所有時間的過程。

在這次自由式滑雪女子大跳台比分稍微落後的情況下，她做了一個幾乎讓所有人震驚的選擇：完成一組難度最大的、從未有女運動員在奧運賽場上完成的動作，能感覺到她的比賽狀態，是在完成這組超難動作前，已在心裡做好了節奏，將每一個動作分解到自認最恰到好處的地方，這才開始從容一跳，飛向空中，迎向前所未有的挑戰和壓力……。

谷愛凌最終還是拿下了北京冬奧會，自由式滑雪女子大跳台的冠軍！在接受記者採訪時，谷愛凌分享自己的心得：「不要給自己設限，不要害怕未知和全新的東西，肯嘗試，願意動腦，你肯定會有全新感受和更多驚喜。」所有的自我選擇，都建立在自我決策的基礎上，而自我決策的基礎，就是獨立思考。

這樣的女孩，註定有選擇的能力並爲自己的選擇負責，其功績也註定是會被寫入歷史的一段傳奇。谷愛淩的成功，源於她媽媽經常鼓勵她自己做選擇，也源於她願意自己做選擇。而**做選擇的關鍵就是自己動腦筋，而不是讓別人幫你動腦筋**。

很多人畏懼思考或根本不願思考，只是因爲他沒有眞正嘗試去進行獨立思考。假如眞的這麼去做，可能很快就領略到強迫自己用腦的快樂。

愛因斯坦十二歲時，一位名雅各的叔叔在他面前畫了一個直角三角形，標上A、B、C後再寫上公式，這就是著名的「畢達哥拉斯定理」（Pythagorean theorem／Pythagoras' theorem）[2]。叔叔開玩笑地問他能不能證明出來，他便開始利用有限的知識去進行驗證。一連三周，他對這個問題冥思苦想。叔叔看不下去，想教他，但他不聽，一定要自己證明出來。終於，他以三角形的相似性，成功地證明了這個問題。

二千多年前的一位大哲學家、數學家求出的定律，竟然被一個十二歲的學生證明了！愛因斯坦第一次體會到強迫自己用腦後發現眞理的快樂。從那時之後，他開始養成獨立思考的習慣，很快地，他又自學了高等數學，等同學們還在「全等三角形」的淺水灘裡撲騰時，他早已在「微積分」的大海裡遨遊了。

愛因斯坦在自己六十七歲時，還在爲他十二歲時對幾何問題的啓蒙之樂津津樂道。他說：「那時如果沒有學會獨立解題，並體驗因此引起的極大快樂，我後來就難以培養好的思考習慣。」

「思」的核心是什麼？是獨立。所以，「獨立思考」方才顯得如此珍貴。當我們能像愛因斯坦和谷愛淩一樣，學會獨立思考，自己拿主意，那麼，你就將會越來越能體會思考帶來的快樂與價值。

## ◎讓自己變聰明的捷徑：學習成功人士的思考邏輯

我們都希望自己越來越優秀，變得更聰明。

怎麼做？

學習那些優秀人士、傑出人士的思考模式，就是一條捷徑。

在首次出版的《方法總比問題多》一書時，我寫過華人首富李嘉誠想方法解決問題的一個故事：

李嘉誠年輕時曾應聘到一家公司當推銷員。有一次，他去推銷一種塑膠灑水器，一連跑了好幾家店卻都無人問津……。等到一整個上午過去了，他一點收穫都沒有，心想如果下午還是毫無進展，回去勢必無法向老闆交代。所以儘管成果並不順利，但他還是不停地給自己打氣，精神抖擻地走進了另一棟辦公樓。走著走著，他發現樓梯間積了很多灰塵，他當下突然靈機一動。

他沒有直接去推銷產品，而是去洗手間，並在灑水器裡裝了一些水，趁著有人經過時，就將水灑在樓梯間裡。說來也十分神奇，經他這樣一灑，原來很髒的樓道，瞬間變得乾淨起來。這個舉動立即引發了管理本棟辦公大樓的物業公司興趣，就一個下午，他賣掉了十幾台灑水器。

李嘉誠這次的推銷，爲什麼會成功？

原因在於他把握了一個影響力法則—**講述不如直接演示**。老是講自己的產品有多好，還不如讓大家看到實際效果有多棒。我不僅將這個故事寫入了《方法總比問題多》中，也在不同的場合分享，而一些人也因此而提升思考模式，深深受益。

讀者小齊就是其中一個例子。

他向我表示這本書帶給他很大的啓發，讓他解決了一件很頭疼的事。

原來，小齊在一家裝配廠當組長，管理十幾個工人。但他發現，這些工人不太珍惜一些剩餘的小零件，習慣隨手丟棄。他一直想解決這個問題……，儘管他多次提醒大家，但仍不見效。而就在看完了我的書之後，讓他終於想出了一個辦法來解決。

某一天，小齊拿著裝滿硬幣和零錢的錢包走進裝配廠，並且故意將零錢扔在地上，然後一言不發地回到自己的辦公室。同事們看了都覺得很莫名其妙，一邊撿拾散落在地上的零錢，一邊議論紛紛。

小齊這時走過來，對大家說：「當你們看到我把錢撒在地上時，都覺得太浪費，所以撿起來。但平時你們卻習慣把螺帽、螺栓以及其他一些零件隨手丟棄，從不愛惜。你們有沒有想過，那些小零件就如同這些錢。今天丟一點、明天丟一點，時間久了就是一筆很大的損失。」

大家一聽，馬上形成「丟零件就是丟錢」的印象，都覺得很有道理，從那以後，隨手丟棄小零件的現象減少很多。而小齊還告訴我，主管後來知道這件事，公開表揚他，說他擁有創造並開展工作的能力。後來甚至讓他升職爲副主任。

小齊的成功，是學到了李嘉誠的方法。當然他還做了一點改變：李嘉誠是透過演示讓客戶感受到產品的好處。而小齊是透過演示，讓大家明白道理。這是一個直接仿效優秀人士思考、做事的故事，效果是立竿見影的。學習優秀人士的思維技巧，可大幅提升自己的思考模式。所以大家不妨像小齊這樣去學習和思考，還可以進一步探討：

牛頓是怎樣發現「萬有引力」？

愛因斯坦怎樣發現「相對論」？

愛迪生爲何成爲「世界發明之王」？

拿破崙爲何能夠成爲「戰爭之神」？

唐太宗爲何能開創「大唐盛世」，成爲治國明君？

透過探討和學習優秀人士的思路和思考模式，融會貫通，並進一步在自己的管理、工作、學習中去體會，這樣，自己的思維能力也會得到很好的提高。

---

1. 118 世紀英國著名畫家（1723.07.16～1792.02.23），素以肖像畫和「雄偉風格」藝術聞名於世，英王喬治三世因欣賞其畫作，在 1769 年受封為爵士。
2. 平面幾何中一個重要的基本定理，是人類早期發現並證明的重要數學定理之一。

## 從「盡力而爲」到「全力以赴」

之所以說事情難辦，往往是因為我們並未盡全力。

遇事先別說難，先問自己是否竭盡全力，才是解除不敢、不願思考的魔咒。把「不可能」暫放一邊，想想自己是否竭盡全力，再難的問題也很可能解決。不要「盡力而為」，而是「竭盡全力」，學會想盡一切辦法、窮盡一切可能去努力吧！

世上沒有「天大的問題」，只有不夠努力造成的失敗和遺憾。

### 別急著說「很難」……先問自己是否已盡力？

將事情辦成的前提是解除抑制思考的「魔咒」。

我們其實可以做好很多事，甚至可以創造奇蹟。但大家卻沒能做到。原因很簡單，只有三個字且猶如一道「魔咒」，就把大家的思考壓抑了。

這三個字就是「太難了！」

要成爲解決問題的高手，就得先解除這道「魔咒」。怎麼辦？先別說難，而要先問問自己是否竭盡全力。

曾有媒體報導過這則新聞：

有個名叫曾花的年輕上班族，聽說西門子UPS北京代表處招聘營業員，於是前去應聘。人資問她「UPS」是什麼意思？只見曾花支支吾吾答不上來，就搖搖頭說：「看來妳並沒有做好準備呀！」這時，她向對方介紹自己以前的銷售業績，懇切地提出：「你們用我吧，哪怕不付薪水，先試用一個月，如果不行，到時候再開除我都可以。」於是，本來沒有機會參加面試的她，獲得了面試機會。面試順利過關。主考官很滿意，並讓曾花提一個問題。曾花便問他：「我們公司最棒的營業員，年銷售額是多少？」主考官用異樣的目光看著她：「一千萬元！」

曾花在自己本子上寫了一行字：我要超過一千萬元。

也許有人認爲這是一句隨便說說的話，但她對這個目標卻很認眞。之後曾花不斷學習、不斷鑽研，終於實現了自己的目標，創下年銷售一千九百八十萬元的紀錄，也由此獲得「金牌銷售」的稱號，成功升任爲市場部經理。

後來，曾花報名參加 CCTV《贏在中國》選拔賽。著名的企業家俞敏洪、史玉柱都對她大加讚賞。她不負衆望，一舉奪得亞軍。這個故事最有意思的一點是：當她實現目標以後才知道，公司從來沒有人的年銷售額達到過一千萬元。當時那位考官不過是隨口一說，或者只是為了激勵她。

沒有想到，不知天高地厚的她，竟然眞相信這是一個可以達到的目標，為此不懈努力，並終於達到了目標。她不僅突破了自己原來的極限，也為公司打破了極限。

說到她成功的訣竅，最核心的一點就是她從來不是以「難」字當頭，而總是全力以赴去做事。遇到問題先說「太難了」，與「先別說難，而要問自己是否竭盡全力」，兩者在效果上眞有天壤之別。

為什麼？

這其實有著很深的心理學依據：我們的行為是受大腦支配的。當你說「太難了」，畏難情緒就來了。畏難情緒一來，大腦就進入被壓抑的狀態，怎麼可能會想去解決問題？

反觀優秀的人，總能在第一時間讓這個「難」字遠離腦海。這樣，等於搬走了壓抑心靈和腦力的一塊大石頭，讓其充分活躍，去挑戰問題。只要把思考的重點放到「我是否竭盡全力」上，你就會不斷挖掘自己的潛能，許多以前想不到的方法就會跑出來。

## ◎「盡力而為」不夠，「全力以赴」才行

在工作中，經常聽到有人說：「我盡力而爲。」

而當問題沒解決的時候，他總會爲自己辯解：「我已經盡力了……」

其實，要想眞正把一件事情做好，光靠盡力而爲遠遠不夠，你必須全力以赴，這樣才能逼迫自己想盡辦法，將智慧充分發揮出來。

我在中國青年報社當記者時，有一個非常優秀的同事，叫劉先琴。有一次，她奉命去新疆完成一個重要的緊急採訪任務，誰知火車還沒到達目的地就故障了。

眼看時間一點點過去，火車卻不知道什麼時候才能修好，她非常著急，再這樣下去，採訪任務勢必無法完成。這時候，她無意中發現附近有飛機起落，這讓她非常興奮，馬上向人打聽，知道離車站不遠的地方有個軍用機場。

於是她立即下車，用最快的速度向機場走去。到機場後，她找到機場的負責人，出示自己的證件，並再三說明這次採訪的重要性，希望他們能夠將自己送到新疆。

讓軍用飛機送自己去新疆？

這在一般人看來簡直是天方夜譚，但憑著自己的執著和堅持，機場的負責人最後居

然答應她的要求。最終，她出色地完成任務。回北京後，報社主管公開稱讚她。而當別人問她：「太不可思議了，妳怎麼能做到這點的呢？」她呵呵一笑說：「凡事全力以赴，想成功就必須有非成功不可的決心。」逼迫自己不放棄，逼迫自己不斷想方法，才會產生奇蹟。當問題出現的時候，往往感到問題就像山一樣大，但是你蔑視困難並下決心征服它，最後就能把它踩到腳下！這樣，你就能進入一個人生的新境界──山到絕頂我為峰！

## ◎把自己從「我已盡力」的假像中，拉出來……

有些人之所以無法「竭盡全力」，往往來自於「我已盡力」的假象──我已經做到最好，無法再往前走一步。

其實，這不過是不願接受挑戰的藉口。

當你把自己逼到「非……不可」的程度，你就不會再有任何藉口。

稻盛和夫被日本經濟界譽為「經營之神」。他所創辦的京都陶瓷公司，是日本最著名的公司之一。公司剛創辦不久，就接到著名的松下電子的顯像管零件U型結緣體的訂單。這筆訂單對於京都陶瓷公司的意義非同一般。但是與松下電子做生意絕非易事，商界甚至對松下電子公司做出這樣「松下電子會把你尾巴上的毛拔光……」的評價。

對待京都陶瓷這樣的新創辦公司，松下電子雖然看中其產品品質好，給了他們供貨的機會，但在價錢上卻毫不含糊且年年要求降價。對此，京都陶瓷的一些員工很灰心，因爲他們認爲：「我們已經盡力，再也沒有潛力可挖。再這樣做下去根本無利可圖，不如乾脆放棄。」但是稻盛和夫卻認爲：「松下出的難題確實很難解決，但屈服於困難，也許是給自己找藉口。」

於是，經過再三摸索，公司創立了一種名叫「變形蟲經營」的管理方式。其具體做法是將公司分爲一個個「變形蟲」小組，作爲最基層的獨立核算單位，將降低成本的責任落實到每個人身上。即使是一個負責打包的老太太，都知道用於打包的繩子原價是多少，明白浪費一根繩子會造成多大的損失。這樣一來，公司的營運成本大大降低，即便是在滿足松下電子的苛刻條件後，利潤也甚爲可觀。

一個人追求成功的強度，決定了其所能達到效果的程度。

請記住一句話：潛能不是拿出來的，而是逼出來的。從「我已盡力」的假像中把自己解放出來！再逼迫自己一下，你將會發現自己還有許多潛能尚未被開發！

# 主導事情的發生，不等命運來安排

「創新思維學家」愛德華・德・波諾（Edward de Bono）[1]有一年受邀來北京，與我有過一次深入的交流。在談到現代人如何把握機會時，他講了這麼一句話：「機會，只有主動進取的人才最容易找到。他們不會被動等待事情發生，而是主動探尋。」

我非常認同這個理念，常在培訓中經常宣導這個理念，更在生活中實踐這個理念。

## 想成為有作為的人，你得有一雙推動事情發生的手

我有不少學員和親友都因此理念深深收益，我的兒子就是其中一個。

我的兒子名叫吳牧天，從美國重點大學畢業，已參加工作。我從小就培養他熱愛思考和自我管理的能力，讓他從一個「調皮王」轉變爲一個負責又能有效處理問題的人。

後來，他根據自己的經歷，出版了一本名叫《管好自己就能飛》的書，發行一百多萬冊，

中央電視台新聞頻道曾予以報導。

回想過去，他最難忘的事之一，是這麼一次經歷：

在牧天十七歲生日那天，我帶他到一家飯店吃飯。除了與他交流，讓他開始寫自我管理日記外，我還做了一件對牧天有影響的事情。平時吃飯，我們會直接坐在大廳，但當天是兒子的生日，我想稍微隆重一點，就想找個包廂。然而，當我們正想走進一個包廂裡坐下來時，服務生走過來並示意我們不要坐下⋯⋯。

她表示我們只有兩個人，但這個包廂能坐六人，堅持請我們坐兩人座的小桌子。牧天與她好好溝通，但對方態度堅決。這時牧天看看我說：「爸爸，不坐包廂也可無妨吧。」

我微微一笑，沒有再與專櫃人員交流，而是直接走到值班經理面前，對她說：「經理您好！我要特別謝謝你們！你們飯店的菜做得非常好，我們常常來這裡吃飯。」經理一愣，然後滿臉堆笑，對我表示感謝。

我接著說：「正因為你們的菜做得好，今天是我兒子生日，所以我特別安排到你們這裡來慶祝生日。」經理再次感謝我們對其飯店的誇獎，歡迎我們以後常來。

這時候，我就頗有分寸地提出要求了：「不過，今天我有點小小的事要麻煩您。」她忙問我是什麼事情。

我便說：「我知道一個包廂坐兩個人是有點浪費，但我的確想在您這裡給孩子留下一個美好回憶。請問您能不能通融一下，幫我們安排一個包廂好嗎？」聽我這樣一說，經理滿口回答說沒問題，不僅給我們安排包廂，還特別送上一個水果盤，祝賀牧天的生日。儘管這只是一件小事，但這瞬間的變化效果，讓缺乏社會經歷的牧天看得目瞪口呆，對我佩服得五體投地。他激動地說：「爸爸，你太厲害了！你這樣會說話，讓別人都不好意思拒絕你。」

我趁機引導牧天去思考：「那你認為這件事情，對你有什麼啟發呢？」

「我認為口才好實在太重要了。缺乏口才肯定寸步難行，口才好到哪裡都吃得開。」

我點點頭，接著說：「會講話固然重要，但更重要的是要有積極的人生態度。你要知道，想成為一個優秀的人，就應該養成一個習慣：要主動促使事情發生，而不是被動等待機會降臨。」

當天晚上，牧天便在日記中寫道：「主動的人總是去找機會，而不是等機會來找自己。不要在沒有嘗試之前就打擊自己，說『我不行』，如果你主動一些，那些你認為『我不行』的事情，或許就會變得很可行。」這件事給他帶來極大的觸動，之後，他不斷去實踐並產生很好的效果。

他考上美國重點大學的經歷，就是其中一例。

不少交流生，爲了有更大的可能被錄取，往往會高額出資請仲介幫助聯繫，因爲他們有經驗和管道。但是牧天卻認爲：「這樣既花錢又沒有辦法直接聯繫校方……」於是決定自己成爲那個「推動事情發生的人」。

他和某位交流生一同報考被譽爲「美國航太航空之母」的普渡大學（Purdue University）。同學想到找仲介，吳牧天卻找到了普渡大學招生單位的聯絡電話，並且直接向招生辦公室主任介紹自己的情況。

美國的大學重視的不只是成績，還有學生的綜合素質。牧天的「自我行銷」很快打動了主任。該大學開始審核學生的申請材料是在3月20日，結果在3月27日，牧天就被通知已獲錄取了！

更有意思的是，牧天在被錄取後，發現那位和他一同報考的交流生尚未被錄取，還在等待名單中。牧天知道這位同學也很優秀，馬上決定幫助她。

他再次打電話給先前那位主任並介紹這位同學，希望主任多考慮一下。主任聽他這麼一說，就讓他轉告這位同學，請她直接發郵件將個人資料寄給他。最終，學校也決定錄取她了。經歷這樣的事情後，他感慨地說：「主動促使事情發生與被動等待機會降臨，兩者真有天壤之別。要成為一個有所作為的人，你得有一雙推動事情發生的手。」這世界的確有這麼一個規律：那些決心爲自己找出路的人，總能找到機會；即便他們找不到機會，也能創造出機會。這只因爲，他們總是會讓自己有一雙推動事情發生的手。

## 從聆聽者變為主事人，推動力就是主導力

跟大家說一個很普遍的問題：

假如你剛剛大學畢業，前去某家公司應徵工作，你希望是由你來定薪酬，還是老板說了算？

再問一個問題：如果老闆幫你定薪酬，你能表示否定並提出加薪要求嗎？

估計大部分人都會回答：「那還用問？當然是老闆說了算。」但是，有一個大學畢業生卻否定了老闆的定薪標準。當老闆給他最高薪酬時，他還要求提高，而老闆竟然也答應了他的要求。

他叫蘇世民，是享譽世界的「華爾街投資之神」，著名的黑石投資集團的創辦人。

他在自傳《蘇世民：我的經驗與教訓》中講述了這樣一段經歷。

蘇世民於美國耶魯大學畢業後，前往知名的帝傑證券總部應徵工作。面試他的是帝傑證券聯合創辦人比爾．唐納森。在交談中，比爾．唐納森對蘇世民印象很好，決定錄取他。而爲了顯示對蘇世民的重視，他給了蘇世民一份當時看來很高的待遇：年薪一萬美元。

他認爲蘇世民應該會很開心甚至受寵若驚，但沒有料到，蘇世民的回答竟是：「太棒了！但我有一個問題。」

「什麼問題？」

「我想再加五百美元。」

「不好意思」比爾．唐納森問道：「你是什麼意思？」

「我想要的是年薪一萬零五百美元，因為我聽說另一個從耶魯大學畢業的新人起薪是一萬美元，我想成為目前公司起薪最高的新人。」這樣的討價還價，老闆當然不高興。但兩天後，他還是給蘇世民打電話：「好的，就這樣定了，一萬零五百美元。」於是，蘇世民就這樣得到了自己畢業後的第一份工作，而且是以比老闆給他的再更高一點的待遇，順利進入這家著名的大公司。

這樣的情況，對我們許多人來講是無法想像的。

爲什麼他就能做到呢？

分析起來，原因可能是：

第一，他擁有出色的能力，而且是被認可的基礎。

第二，老闆可接受的理由：年輕人想成爲薪酬第一名的「好勝心」，也是理解的。

第三，他所體現出的自信，具有征服人的力量。

蘇世民的自信，在後來他與老闆的交流中得到認證。

蘇世民曾問老闆，爲什麼自己提出這樣「過分」的要求，老闆還錄取他並答應他的條件？老闆說：「那一瞬間，我感覺到你會坐上我這樣的位子。」蘇世民給我們樹立了一個榜樣：哪怕你處於弱勢地位，也可成爲「拍板人」。

實際上，這樣的做法絕非個案，而是他整個人生觀的體現。從青澀的少年，到成爲舉世聞名的大投資家，他一直都創造著讓人想都不敢想的奇蹟：中學時期，他就曾聯繫全國著名的樂隊小安東尼和帝國樂隊到他們學校演出。念大學時，他也曾聯繫全球知名的芭蕾舞團—紐約芭蕾舞團到校演出，這是該校史無前例的事件，曾經轟動一時。

在創立投資公司時，他的搭檔建議先試試水溫，比如說只募集五千萬美元，但蘇世民則直接表示要募集十億美元！

大家都覺得蘇世民瘋了。但蘇世民卻有自己的獨特見解：「為什麼不搞大的？做大事和做小事的難易程度是一樣的，而且好處多多：首先，難度大的事，競爭小；反觀一旦大事做成了，後續將會帶來更多機會。」

「所以我們要選擇一個值得追求的大目標，讓回報與你的努力相匹配。只要找方法去做，就能做到。」他遇到的阻力的確很大。在募資過程中吃了不少閉門羹，「被我們視為最可能點頭的十九家客戶，全部拒絕我們，總共有四百八十八個潛在投資人，拒絕我們。」但最終他們竟然募集到十億美元，打破私募基金的記錄。

那麼，是什麼讓蘇世民能創造這樣的奇蹟呢？最核心的一點，就是任何時候都要做一個積極的推動者。推動力就是主管力。即使你處於弱勢地位，只要你有能推動事情發生的能力，你就是一個主事者。

在蘇世民的自傳中，他還分享了如下精彩的觀點：「在我作為學生會主席的最後一次演講中，我提出了一個關於教育的理念，這也是我終生信奉的價值觀：我相信教育是一門學科，這門學科的目標是學習如何思考。」積極而有效的思考，的確能創造奇蹟。

## 別讓「規定」限制了目標，想辦法讓人改變決定

很多時候，我們之所以覺得「絕不可能」，那是因為「有規定」。一旦有人搬出「有規定」的理由，絕大多數人都會認為「這是沒有辦法的事」，當即放棄。但假如能讓「無條件積極」變成習慣，不管遇到任何事情都會積極面對處理，「不可能」也能變為「可能」。

俞敏洪是新東方的創辦人。在研究他的成功之道時，我們都能看到一種積極心態一直支撐著他，他甚至讓「無條件積極」成了一種習慣。因此，他不僅創造事業版圖的奇蹟，在生活中也能實現「不可能實現的事情」。

有一次，他和家人在加拿大的溫哥華，準備搭乘當天的航班回北京。沒想到，起飛前兩小時，航班突然取消。這意味著他們只能隔天再走，但明天已在北京安排了兩個會議和一場學生講座會。晚歸意味著將有上千名學生因此得要空等一天。

所以，他決定無論如何都要想辦法趕回去。

他查詢了加拿大的幾個航空公司，都無法訂返回北京的機票。他又查詢了從加拿大飛往上海和香港的飛機，也都是班班客滿，希望似乎徹底破滅了。一個送他出行的朋友

說：「沒辦法了，乾脆明天再走吧……。」

俞敏洪沮喪地坐上汽車準備離開機場。車行至半路，他想起以前看到過的一篇報導：「中國東方航空公司將於近期開通從上海到溫哥華的航班。」但他不知道具體的開通日子。但不管怎樣，這是最後一線希望。於是，他決定再折返回機場。查詢後發現那天恰好是飛機首航的日子，而離起飛還有兩個多小時。他便跑到該航空公司的櫃檯，要求改簽東方航空的航班。

工作人員聽完他的要求一臉爲難，表示這不符合公規定，畢竟兩個航空公司之間並沒有聯營關係。但他決定與工作人員好好溝通，不斷表示自己必須回去的理由，試著讓對方覺得幫助自己是一件有價值也可以做成的事。工作人員終於被他打動，持續協調後終於把他們全家的機票改簽到東方航空的航班上，他終於順利坐上返回北京的班機。

試想，如果俞敏洪因爲前兩次的查詢失敗而放棄，又或者，當別人說出「有規定，沒法改」，他就決定放棄。那麼，他只能困在加拿大。但是，因爲有著「一定要回去」的堅決態度、「一定能回去」的自信，他就想盡辦法去努力，終於達成目標。

是的，「有規定」的確在很多時候是攔路虎，但這隻攔路虎也總能被「方法總比問題多」的人戰勝！

1. 心理學家，牛津大學心理學學士，劍橋大學醫學博士（1933.05.19～2021.06.09），歐洲創新協會將他列為歷史上對人類貢獻最大的名人之一。

## 別怕被拒絕　不試哪知行不行？

哪怕只有1%的希望，也值得你去試一試。
潛能被壓抑，必須達標的業績沒做好，都是由於未嘗試前就先否定自己！別提前打擊自己，不試哪知行不行？別害怕被拒絕，也許別人正在期待你出現！
當今社會不僅是「適者生存」的年代，更是「試」者生存最佳時機，唯有勇於嘗試，才有機會打開成功的大門！

### ◎被打槍又如何？別人或許正在期待你的出現……

應徵找工作，幾乎是所有上班族都須面對和重視的事。許多時候，面試官會問前來應徵的人：「我們若需要你，之後將會打電話或以其他方式通知你。」假如你在應徵過程中也曾遇到這種情況，面試官讓你回去等消息。但消息遲遲不來，你是否會就此認爲自己未被錄取，更別說聯繫對方了？

我曾舉辦過多場「如何在應聘中脫穎而出」和「中國白領成功大課堂」等訓練，更在課程中多次分享過一則故事：

多年前，有一個美國找工作的年輕人，才剛畢業就遇到史上最嚴重的經濟大蕭條。他天天爲了找不到工作機會而苦惱……。

一天，他在報紙上看到，來自各地的失業大軍集結在一起，大家準備朝著首都華盛頓進軍，希望政府給自己一個工作機會。於是，他也決定加入這個陣營。而就在搭乘火車趕往失業大軍所在地的途中，他看著窗外，發現路邊有一個地方正在施工，看起來似乎是在蓋工廠。他心想著：「既然是蓋工廠，應該很需要新員工吧？」於是，抱著姑且一試的想法，他中途下了車，改往施工工地走過去。走到那裡一問，這才知道那裡正在新建一個鋼鐵廠，這名小夥子找到工地主管，問問他們是否需要人？

主管問了問他的情況，發現他的學歷在這裡應該用得上，但工廠要過一段時間才能開工，於是主管請他留下電話，回去等消息：「如果我們需要你，到時我會打電話通知你來上班。」於是小夥子留下電話回家去了，滿懷期望地在家等待通知。

可是，左等右等，電話卻始終沒有打過來……。

故事講到這裡時，我向學員們提出了一個問題：「那位主管明明說了『如果我們需要你，到時我會打電話通知你』，可是為何遲遲未回電呢？」參加研討班的學員們，根據自己找工作的經驗，紛紛各抒己見。

「需要你才打電話，沒打電話自然就是不想用你了。」

「那就是一番客套話，其實並不是真的想聘用他。」

「工廠後來找到了更好的人。」

「工廠根本沒有開工。」

其中最有意思的一個回答是這麼說的：「也許這個主管自己也被炒掉了！經濟危機嘛，誰說他就能順利擺脫？」他的結論引起了大家哄堂大笑。

接著，我繼續講述，表示其實或許就像大家剛才所說的種種原因，那位年輕人可能也都想過了。他開始也和大家想的一樣，認爲自己肯定是沒有機會了。但他換個角度想：「也許還有別的可能……」不管怎樣，他還是決定再跑一趟。等到了那個地方，他發現工廠已經開工，很多人都已經在上班了。

他找到當初與他交談的那位主管，那個人已是廠長了。廠長一見到他，立即給他一個美國式的熱情擁抱，然後說：「小夥子，你知道嗎，上次一見到你，我就覺得你是個人才，所以一開工我就準備通知你上班。可是我怎麼也找不到你的電話號碼，因為我不小心把名片弄丟了！」

年輕人就這樣進入鋼鐵行業。後來經過努力，他不斷升職，最後蛻成爲US鋼鐵公司的董事長。公司在他的管理下，業務版圖日益擴大。

這位年輕人，就是美國著名的鋼鐵大王費爾萊斯。

看得出來，費爾萊斯的故事讓大家很震撼。

事情的結局不是他沒有被錄取，也不是其他原因，竟然是主管把他的電話弄丟了！

這實在出乎衆人意料。

而更讓大家觸動的是，費爾萊斯的成功，說明了面對挫折和拒絕，擁有積極心態，勇敢去「再試一次」的意義。

在大家熱烈討論的同時，我總結了這樣一些觀點：「只有你把機會當真，機會才會對你當真。」

「別害怕被拒絕，也許別人正期待著你的出現！」這些觀點，對學員們都有不小的觸動。其中有一位IT行業的部門經理，因爲感受格外深，下決心改變自己，創造了以往不敢想像的奇蹟。

他們公司專門針對政府部門研發了一種很好的軟體。他認識不少政府部門的人，但卻一直不敢開口推銷這種軟體，因爲害怕一開口就被拒絕，弄得以後朋友都沒法做。他說，費爾萊斯的故事對他的啓發很大，他決定回去後立即試一下。後來的結果大家可能已經猜到了，他向朋友推銷，對方立即表示濃厚的興趣，提出馬上要試試，試過之後便決定購買，還對他說了這麼一句話：「哎呀，你怎麼不早點告訴我呢。我們一直在找這種軟體，但就是沒找到。本來認為你們就是一家小公司，開發不出這樣的軟體，沒想到竟然在你這裡找到了！」

發生這件事後，這位部門經理當晚就打電話給我，十分激動地說：「您說得太對了，任何好的想法，你如果沒試，就沒資格否定！」這又是一個「別害怕被拒絕，也許別人正期待著你的出現」的鮮活故事。

這樣的故事，是否讓你心動？

當你害怕被拒絕的時候，是否也有勇氣再去多試一次？

缺乏自信，害怕被拒絕，這是很多人的特性。但是不管自己行不行，不管自己在別人眼中是什麼模樣，這些其實都不重要，關鍵是你得去試試看：永遠不要提前打擊自己，在沒試之前絕對不要否定！

## 不提前打擊自己，沒試過之前絕不否定自我

一八五二年，俄國著名作家、《現代人》雜誌主編尼古拉·阿列克謝耶維奇·涅克拉索夫（Николай Алексеевич Некрасов）[1]收到了一部名為《童年》的手稿。但不知何故，作者在手稿末頁和信中只寫上自己的姓名縮寫「л·Н」。

涅克拉索夫在看完手稿後，覺得文章寫得十分出色，於是決定發表。但由於不知作者的全名，所以作品發表時只能按姓名縮寫署名。

這其實是文學巨擘列夫·尼古拉耶維奇·托爾斯泰（Лев Николаевич Толстой）的第一部作品。儘管作品寫得很好，但由於缺乏信心，他卻不敢署真名。幸好，涅克拉索夫是一個真正的「伯樂」。在發表這一作品的同時，他還向屠格涅夫等著名作家推薦：「留神一下《童年》這部中篇小說！看來，作者是一個新的、前途看好的天才。」很多著名作家看後，都對這部作品讚譽有加。

當時，年輕的托爾斯泰正在高加索山地服役。一天，他偶然讀到了第一篇對他的作品的評論文章，作者是位著名的評論家。托爾斯泰讀著那些讚美的言辭，狂喜和眼淚幾乎使他窒息。處女作的巨大成功，使這位本來膽怯的年輕人對未來充滿了希望。從此，

世界文壇上多了一顆耀眼的明星。

一位天才在寫出傑出作品時，居然不敢署名！這個故事，或許對我們有很大的鼓舞：原來，天才也曾缺乏自信過……！

但是，缺乏自信並不可怕。因為儘管缺乏自信，但托爾斯泰還是勇敢地向權威刊物投稿。雖然他不敢署名，但他畢竟還是投稿了！

這個故事給我們最大的啓示在於：哪怕自己不自信，但決不允許自己不行動、無所作為。管它成功不成功，我們都要先試一試再說。

許多人的潛能都是被壓抑的。

許多生命中應有的光芒，都是因為被我們自行掩蓋，最終使其消失！

許多很好的構想，都是由於我們率先自我打擊和否定，導致胎死腹中！

成功總是離不開機會，而機會往往來自於膽量。所以我幫大家總結這個公式：**成功＝膽量＋力量＋肚量**

膽量從何而來，最基本的一點，勇敢嘗試！

對從來沒有做過的事情，你絕對不能說「不行」！

## 哪怕只有百分之一的希望，也值得去試一試

微波通信電話公司是美國一家很有名的公司，因鼓勵員工嘗試和創新而著名，他們的企業文化理念是：「會在微波通信電話公司被『槍斃』的員工，絕對不是那些做錯事的人，而是那些不敢冒險的員工。」

洛克菲勒說：「哪怕只有1%的希望，也值得去試一試。」此句話成爲了流行全美、體現美國人開拓精神與創業精神的名言。

先前我們分享了曾獲得《贏在中國》亞軍的曾花創造奇蹟的故事。現在，我們再來分享媒體報導過的、發生在她身上的一個具體案例：

當時她所從業的公司，在湖南、湖北兩省的業務版圖還是空白。

主管瞭解到她是湖南人，就安排她主管這兩省的業務。

她去的第一站是湖北襄樊。本來她最初的目的只是去認識一些特定客戶人，沒想到，一到那裡，她才知道襄樊郵電局第二天剛好要招標。一位負責的主任看見她的到來，也想給她一個機會，於是跟她說明天你也可以參加招標。

曾花聽完後當即傻了。因爲現在已是下午六點的傍晚時分。請公司派專人來負責也

已來不及，而她自己「什麼都不懂，產品多少錢一台也不知道，技術參數也不懂」。這不就是只有萬分之一的機會嗎？

如果是一般人，遇到這種情況，肯定都會覺得自己絕對不可能拿下這筆訂單，馬上就會打退堂鼓或隨便走個過場便罷。但曾花卻認爲：「哪怕是只有萬分之一的機會，自己絕對就不能放過。」

她只問自己一個問題：「如果我要拿到這筆業務，該做哪些必要的努力呢？」之後，她馬上打了兩個電話，一個打給上級，瞭解產品報價、到貨時間、付款方式、保修期等基本情況；另一個電話則是打給公司的技術總工程師，瞭解技術參數。雖然她幾乎沒有聽懂那些技術參數，但她沒有放棄，而是問總工程師：「我有什麼辦法，可以在最短的時間內掌握這些資料？」

總工程師的回答是：「沒有更好的竅門，最穩當的方法就是把那本產品資料通通背下來。」

這看來也是一個極大的難題。但這並沒有難倒曾花。因爲她馬上開始死背資料，直到凌晨三點鐘……。

早上六點，她睡醒後又開始繼續背資料。

雖然資料已背得差不多了，但她想到：「這畢竟是自己第一次代表公司去招標！臨場表現不知道會怎麼樣。但八點就要開會了，這下該怎麼辦呢？」

而就在這時，她發現有門外剛好有兩名清潔工。

她靈機一動，請這兩位清潔工當聽眾，並答應等一下會幫她們把工作做完。

演講開始後，兩個清潔工搖頭說：「你太緊張了」。接著重來一遍，她們又指出了她的新問題。

就這樣，一遍一遍地演練，她越來越熟悉和自信。之後終於在招標會上，透過最佳的狀態贏得初步肯定。之後，她又和有關客戶保持熱烈而越來越專業的溝通。

最後，奇蹟發生了。

她所在的公司擊敗所有競爭對手，客戶決定全部從他們公司買進所有的設備。這眞是不可思議：一是公司開始沒想到要參與招標，卻成了招標的最大贏家，二是曾花初出茅廬，竟然一次就成功。

怎麼可能創造出這種不可思議的結果呢？

透過裏樊客戶的評價，充分回應了這個問題：「是她的專業、自信和不達目標誓不休的堅定執著，爲她的公司贏得了這筆生意。」客戶透過這些，看到她的潛力，也感受到他們公司眞正競爭力。其實曾花沒有想到公司會得標，她只是全力以赴。但也正因為她的全力以赴，讓當初這個只有萬分之一的機會，最終夢想成眞！

很多時候，事情到底行不行，可能性到底有多大，有多大的機會與風險，自己的潛能到底有多大，上述種種若不去嘗試是根本不會知道的。其實我們每個人都被機會包圍著，但機會只有在被看見時才存在，機會只有在被尋找時才會被看見。只有不害怕被拒絕、勇於嘗試的人，才能眞正抓住機會！所以我覺得，我們又可以對一個觀念進行更新了：《進化論》提出者達爾文的核心理念是「適者生存」，講的是動物世界的生存法則。那麼，人類社會的生存法則又是什麼？

尤其在處在新經濟時代、高科技時代下的生存法則，應該是什麼？

那就是──適者生存！

1.俄國詩人、作家、批評家及出版商（1821.12.10～1878.01.08）。

## 解除大腦「封印」：將「我不行」改爲「我可以」

人生大多數的失敗，其實都源於自我打擊。
我們之所以失敗，往往不是因為遭受他人否定，而是因為我們先否定了自己；要成功，就必須在自己的人生字典裡刪除「我不行」這句話！

工作和生活中，最大的遺憾之一是由於缺乏自信，導致你與機會失之交臂。回想一下過去的你，可否也曾有過被自己打敗的經歷？

記得在某一次培訓班上，我才剛分享了上文費爾萊斯的故事，瞬間便激起了學員們的熱烈討論。

我發現一位女學員竟然伏在桌上。我以爲她是身體不舒服，趕緊問她是怎麼回事？誰知，這時的她竟然流淚，表示是我剛才陳述的故事觸及了她過去的一段傷心往事：

十年前，她在讀大學時愛上了同班一位非常出色的男生，甚至已到了崇拜的程度。而人往往一產生崇拜心理，自信心就萎縮了，所以她遲遲不敢向對方表白。因爲她很怕一表白後就會被拒絕，不僅會帶來一輩子的創傷，而且恐怕以後連朋友都沒得做。

於是，畢業時，她將感情埋藏起來，與自己心愛的人天各一方。之後，她順利結婚生子，日子過得雖然不算太差，但卻少了幾分當年的激情與嚮往。

前不久，她出差時偶然與自己當年所愛的人相遇。兩人都很開心，於是一起找了一間咖啡館坐下敘舊。在交談過程中，她得知對方結婚，孩子已經三歲了。

而就在氣氛很融洽的時候，對方突然非常感慨地向她說出了這樣一段話：「妳知道嗎，在大學時我一直很喜歡妳。」她聽完大吃一驚，而讓她更難以置信的是，對方在解釋爲何遲遲未向她表白時，竟然給了同樣的一個解釋：「我太崇拜妳了！很怕一提出來，我們就連朋友都做不成……。」

原來，對方的心理和自己一樣，都在害怕先提出來後會失敗！

當大家同時講出自己的心結時，兩人都忍不住流下淚來！

這位學員談到這個故事，感歎地說：「我若能在十年前聽到這個觀點，我的人生或許就會完全不一樣了。」

之後，她對我說了這樣一番話：「老師，從今天開始我要勇敢地開口，決不再因為不必要的顧慮，扼殺自己的成功與幸福！」我爲她當場的收穫而高興，而更讓我高興的是，不久她打電話給我，說自己真的有突破，並且創造了原本想像不到的成功。

以前的她，一遇到問題就總會先生出「我不行」的想法，總是不敢邁開腳步，所以業務拓展總是不理想。最明顯的一個特點是，公司原本販售的產品品質不錯，她的客戶也很多，但她的簽單能力卻總是不盡理想。經常是與客戶互動佳，但撐到最後當她提出是否簽單時，卻總是換回客戶回應：「好的，我考慮一下……」

她不好意思繼續開口，總是等待對方回音。但其實客戶多半不會回覆她，甚至乾脆轉手與其他人成交了。每當出現這種情況時，她往往很灰心，總覺得自己不行，甚至准備放棄這份工作。但現在，她以積極的心態，決心一定做好成交的「臨門一腳」；當「我不行」的念頭一出現，就馬上對自己說「打住！你比你自己想像得更優秀」。

之後，她會持續微笑著，提醒自己再多堅持十分鐘甚至十五分鐘來與客戶交流。一方面繼續與客戶互動，並且進一步瞭解對方的訴求與顧慮，藉以展示對自家產品的自信。難以想像的是，這樣一來，成交率大幅提高。甚至有一次，客戶所下的訂單竟原比原來計畫的數額再多增加了一倍！

後來，有一位行銷專家對此做出評論，他表示：「當客戶說，好吧，我再考慮考慮……」時，請千萬不要離開，再多堅持溝通十分鐘也好。

原因很簡單，有些客戶的「說好吧」是在敷衍你，但也有可能是他眞正的需求和問題尚未獲得解決。你如果就時放棄，再次約談這位客戶，他肯定就會有上百種理由拒絕你，並且還不一定會跟你見面了。但是如果你這時再堅持一下，既展現自信又進一步抓住用戶痛點和訴求，就就極可能會幫助他下定決心。

這位學員對自己能夠得到行銷專家的認可，感到很開心，但讓她更開心的是，自己眞正戰勝了「我不行」這句話的魔咒。她感觸地說道：「要成功，我們就要在自己的字典裡刪除『我不行』這句話！」

那麼，我們該怎樣建立自信，將「我不行」這句話從人生字典裡刪除呢？

## 失敗多半是源於自我打擊而來……

很多時候，並不是你不行。

假如少一點打擊自己，就會多獲得一份本應屬於你的機會。我們不是被生活打敗，而是被自己心裡的灰暗念頭打敗！

《成功之本》（Seeds of Greatness）的作者丹尼斯．魏特利（Denis Waitley）指出：「當

你登上一個新的精神境界之後就會明白，只有當我們打破它，方才知道我們曾被投進牢獄中！」如前所述，這位女學員，現在已經是公司主管行銷的副總經理。

她也經常給員工們講課，講述自己如何自我突破的故事。她還曾經總結了一個十分精彩的觀點：「我們每個人之所以不成功或喪失唾手可得的幸福，原因是自己做了一件很不應該的事情—自動坐進自己打造的『心牢』中，把自己緊緊看守著，不讓自己走出來。」

「假如我們勇於砸碎這座『心牢』，我們就能創造難以想像的奇蹟！」

是的，我們應該養成凡事都從積極方面思考的習慣。

有句成語叫做「運隨心轉」，一份積極正向的心態，將會帶給你積極的命運。一種消極的心態，則會爲你帶來消極的命運。只要你面向著太陽，便可沐浴在陽光裡，反觀你若向著一把尖刀，那自然就會有生命危險。

請讓我們時刻警醒自己，不要把自己囚禁在消極心態的牢獄之中！

這樣的觀點或許出乎你的意料，畢竟自己都已承認「我不行了」，算是已然謙恭卑微到極點，怎麼能說這裡出現著最大程度的傲慢呢？

且讓我們來做一個簡單的「主、謂、賓」分析吧！

## ◎總說「我不行」的人，其實最傲慢

「我」是主語，「不行」是謂語。

說來耐人尋味，仔細分析後就會發現：斷言「我不行」的人，表面看似謙虛，慣用說法是「我不行」，但深究其行爲，背後卻還有一個「潛藏的主謂賓結構」──我（斷定）我不行。

這就很有意思了……！

「我」是主語，「斷定」是謂語，「我不行」是受詞。

斷言「我不行」的重點不在於「我不行」，而在於「我斷定」！那些斷言「我不行」的人，表面看似謙卑，但實際上卻潛藏著對自己智商的最大傲慢，有著信念上的自大，甚至是對自己權威評價的神化。因爲，這份斷言很可能不符合實際。那麼如果不符合實際，自己還斷言並堅信它，那麼，這不就是一種眞正的「傲慢」嗎？

**我們之所以不成功，不是由於別人否定我們，而是自己否定了自己。更不是由於「我不行」，而是自己本來「行」，卻偏偏要對自己說「我不行」。**

## 命運掌握在自己手中，不是長在別人嘴裡

幾乎每個人在成長過程中，或多或少地遭遇過被人否定。

被他人否定的原因很多，當被別人尤其是權威人士再三否定時，我們很容易因此喪失對自己的信心與信念。但是，別人的否定就真的正確嗎？

電影《當幸福來敲門》（The Pursuit of Happyness）是中有這樣一個讓人難忘的片段：推銷員克里斯賣不出機器。妻子離去，把孩子留給了他。但他再艱難也沒有失去對生活的信心，他一直教養孩子要以積極的心態生活著。

有一天在籃球場上，兒子興奮地對他說：「我以後想當一名職業的籃球運動員。」也許接下來我們會看到他對兒子的鼓勵。

但讓人難以想像的是，克里斯卻馬上就以很果斷地聲調對兒子說：「你做不到。」兒子頓時聽傻了。

就連觀眾們也看糊塗了。

是啊，怎麼能夠這麼輕易地否定一個孩子的夢想呢？

何況，這還是一個持續在給孩子樹立打拚形象的爸爸。

但當我聽到克里斯接下來的話，我馬上就知道他當下爲什麼這樣說了：「如果你有夢想，那你就要守護它。當人們做不到一些事情的時候，他們就會對你說，你也辦不到。」原來克里斯是想借這個機會幫兒子上一堂課：在我們追求幸福和成功的路上，很有可能遇到他人的否定，甚至是最親近的人否定你。這時你絕對不能接受，反而要勇敢地回擊：「不！你休想否定我的理想！」

《進化論》的提出者達爾文在自傳中說過：「小時候，所有的老師和長輩都認為我資質平庸，與聰明是沾不上邊的。」種種事實都讓我們看到：在被別人否定時不被打敗的重要。

命運在自己手裡，不在別人嘴裡。不管別人怎樣否定你，也不要失去對自己的信心。

## 改變發問方式：把「絕不可能」變成「完全可能」

我們之所以會說「不可能」，這無非是我們把自己捆綁了。你若覺得某件事不可能，大腦就會為你想出一千個不該做這件事的理由。但你若堅信「不有可能」，大腦將會自動開始思考實現的種種方法。當我們改「怎麼可能」為「怎樣才能」時，原來難以想像的奇蹟，或許就會出現。

從「條件」導向轉為「目標」導向：從平庸跨進優秀的分水嶺。只有升級思維層次，「不可能的事」才會成為「可能的事」。當我們逼迫自己勇攀最高峰，總有一天會發現：所有讓我們畏懼的東西，之後都會被我們踩在腳下！

問題時如果難度過高，很多人都會對自己說「絕不可能！」然後不再努力，最終放棄。與此相反，一個傑出的人，總是透過改變自己的心態和發問方式，將「絕不可能」變成爲「完全可能」。

那麼，他們是如何做到這點的呢？

日本「經營之聖」稻盛和夫曾經提出一個著名公式：**人生成就＝思考模式×激情×能力！**

他進一步強調這三者之中，思考模式最重要。因爲「這個分數可以是正數也可以是負數，範圍從負一百分到一百分。」這實際上是在強調：我們要格外重視積極邏輯，避免消極心態。

的確如此，假如我們擁有足夠的積極心態，就能將一件看來「絕不可能」的事情，變成現實！

## ◎發問方式，決定問題解決之後的結果

假如你是一個只有十九歲的窮大學生，連上學的錢都不夠，能夠完全憑自己的智慧，在短短一年內賺到一百萬美元嗎？

我估計，大多數人聽到這樣的問題，都會笑著搖頭說：「這怎麼可能？」

如果我再問一句：「你相信有這樣的人嗎？」

我進一步斷定：還是會有不少人搖一搖頭，說：「絕不可能！」

但是我要告訴你，這件多數人認爲「絕不可能」的事，還眞有人做到了。這個人名叫孫正義[1]，是日本「軟銀集團」的創辦人，一個被譽爲「互聯網投資皇帝」的人。這個身高不到一百六十公分的男人，十九歲時就幫自己擘劃了未來五十年的人生規劃，而其中一條就是要在四十歲前賺到十億美元。

而這個夢想看似已然現實了……。

且看他是如何利用智慧，賺到人生的第一個百萬美元。

在制訂未來三十年的人生規劃時，他還是一個留學美國的窮學生，正在爲雙親無力負擔他的學費、生活費而發愁。他也有過到速食店打工的想法，但很快又被自己否定了，因爲這與他的夢想差距太大。左思右想之後，他決定向松下學習，透過創造發明賺錢。於是他逼迫自己不斷想點子。一段時期內，光他設想的各種發明和點子，就整整紀錄了二百五十頁。

最後，他選擇了其中一種他認爲效益最大的產品——「多國語言翻譯機」。

但問題馬上來了，他不是工程師，根本不懂怎麼組裝機器。但這難不倒他，他向很多小型電腦領域的一流教授請教，向他們描述自己的構想，請求協助。雖然教授們多半都拒絕他，但最終還是有一位叫摩薩的教授，答應幫助他，並爲此成立了一個設計小組。

這時孫正義又面臨著另一個問題：他手上沒有錢。

怎麼辦？

這也難不倒他，他想辦法徵得教授們的同意，並與他們簽訂合同，等到他將這項技術銷售出去後，再給他們研究費用。產品研發出來後，他去到日本推銷。夏普公司購買了這項專利，並委託他再開發具有法語、西班牙語等七種語言翻譯功能的翻譯機。

這筆生意讓他賺了整整一百萬美元。

這就是孫正義，他用智慧讓一個個「絕不可能」變爲了「完全可能」！

一個缺資金、沒技術的青年人，竟然在十九歲就賺到一百萬美元，是不是很讓人震撼？

我們不只敬佩他在短短時間內就賺到了這麼多錢，更感念他給樹立了這樣一個理念：一個人只要開通「腦力機器」去解決問題，就能創造奇蹟！透過多年來對成功人士思維能力的分析，我發現：一個人能創造這樣的奇蹟，關鍵在於改變發問方式：**將否定式的疑問—「怎麼可能」，變為積極的提問—「怎樣才能」**！

在工作中，許多人總是這樣發問—「怎麼可能？！」

一個問號之後是一個驚嘆號，其實質是就此打住，不再努力。但是，優秀的人則會問：「怎麼才能？？？……」問號接連地打下去，直到問出最理想的結果爲止。

將思想聚焦在「怎麼可能」的懷疑上，你會壓抑自己的智力與潛能，把可能性扼殺在搖籃之中。將思想聚焦在「怎麼才能」的探索上，你的腦力機器就會開動起來，把各種「不可能」變爲可能！

## ◎將「條件」導向改為「目標」導向

所謂「條件導向」，就是做任何事情時都先從現有的條件出發。

當下有怎樣的資源和條件，就做怎樣的事情。根據現有的資源和條件正向推演，步步爲營，從有到有。這種做事方式是沒有太多壓力和風險的，因爲如果條件和資源不夠，就可以縮小目標甚至乾脆放棄目標。而「目標導向」就是先樹立一個明確的目標，從目標出發，反向推演，步步連結，倒推資源配置、時間分配，連結戰略戰術、方法手段，從無到有……。

如果你目標堅定，擁有「不達目標誓不休」的氣概，那麼你就會想盡辦法，創造條件，創造「不可能實現」的奇蹟。當我們遇到難題時，該怎麼以目標導向，來實現「絕不可能」的奇蹟：

第一，確定一個「非做成不可」的目標。

第二，遇到困難時只改手段，不改目標。

第三，若條件不夠好，那就仔細分析條件，看缺什麼就補什麼。

第四，打開思路，創新思考，直到把問題解決才放手。

總之一句話，決不找任何藉口放棄，不達目標誓不罷休。

## ◎提升思考層次，將不可能變為「可能」

很多時候，問題發生在某個層次，而即便你怎樣思考，問題都無法解決……。怎麼辦？

這時不妨提升一下思考層級，換個角度去找解決辦法。這樣一來，困難或許就能迎刃而解了。

且看曾擔任微軟副總裁的著名職業經理人唐駿，當初是如何爭取的留學機會。

唐駿當年就讀於北京郵電學院。在快要畢業時，他發現擺在自己面前有兩條路：要嘛出國留學，要嘛等待分配。

後面這一條路他根本不想走，但若想走第一條路，他本來是符合條件的：總成績第一，英語程度也不錯。他原本認為其中一個出國留學的名額肯定是自己的，豈料校方跟他說：「儘管學校這一年共有兩個公派研究生出國留學的名額，但由於他從來沒有當過三好學生[2]，所以輪不到他。」

聽完這段話，他好像挨了一記悶棍，學校採用的這個指標看來是絕對與他無關了。而按照一般人的想法，只能放棄。但他心裡存著「非留學不可」的願望。於是他改以更積極的方式去思考：「有沒有其他可能性？有沒有別的方法？」他再次分析這次出國留學的條件，並且脫跳學校的範圍去進行思考。

他發現，那一年的北京各大學共有七十五個出國名額，而這一年的英語題非常難，成績合格者寥寥無幾。那麼，其他學校有沒有因為考生英語成績不夠，進而空出用不上的出國名額？

這眞是一個異想天開的想法。甚至有人將其譏諷為「癡人說夢」。但唐駿卻為自己想出來的法子激動不已，之後便立即採取行動。

他給這些學校逐一打電話，詢問是否有指標尚未用完的情況，並諮詢能否將這個指標轉讓給自己。

開始時，他受到了一次又一次的回絕，甚至是嘲笑和怒氣。但他還是誠懇並且毫不氣餒地繼續下去。直到了第三天，當他撥通北京廣播學院的電話時，電話那頭終於傳來了他夢想中的回答——「我們還有尚未用完的出國名額，你可以先過來看看。」他趕緊前去瞭解，確定的確是有沒用完的名額。

但緊接著，新的問題又出現了，原因是這個名額是留給北京廣播學院的學生，而唐駿是北京郵電學院畢業的，儘管成績吻合資格，但這個名額又要怎麼轉給他使用呢？

有一句名言叫作「山不轉水轉，人不轉我轉」，不知唐駿是否從這句話得到啓示，他想出了解決問題的新招。

透過溝通協調，他得到老師與主管的支持，從北京郵電學院轉到了北京廣播學院！這樣一來，他就具備留學的資格了。

他抓住了機會，如願出國，不斷發展，之後還擔任了微軟副總裁。

我們不妨再設身處地地思考一下：「你當時若遇到他那種情況，你會不會就此放棄？」

恐怕絕大多數人都會放棄吧？

但唐駿不僅沒有放棄，而且眞的創造了奇蹟。

從思考模式上講，他的了不起之處，是當得知自己的學校沒有留學指標時，不是就此打住，而是讓思考上升提升一個層次：從本校層面，上升到全北京市層面。在全市的層面，他找到其他學校可以幫忙，也成功擁有了在本校沒有的機會！

希望這種不設限的思考邏輯，是否也對你有所幫助！

1.本名そん まさよし（1957.08.11～），軟銀集團的創辦人兼社長。憑藉軟銀對阿里巴巴集團的控股與投資獲利，讓他常年高踞日本首富之位。

2這是中國大陸自 1954 年開始採用的一種學生榮譽，表彰「思想品德好、學習好、身體好」的學生。

# 越把問題想透徹，越能開拓新生機

深度思考遠勝淺嘗輒止，思考問題一定要想徹底、想透徹。只有不斷追問下去，才能找到問題的根源，也才能找到解決問題最有效的手段。

對創造性事業而言，不完善不應成為被否定的理由，只能成為進一步完善的理由。

所謂開拓精神，就是除了開闢還要拓進。只有進一步想透，才會有更大層次的突破。只有想透徹了才有可能發現：所謂「危機」不過是問題的單一表現，不僅可以克服，而且還能「翻轉後便是天堂」，成就更大的機會。

思考的淺嘗輒止，很容易讓人將解決問題的難度放大，最後淪於向問題舉白旗投降。一個擅於解決問題的人就猶如一個下棋高手：看透三步，才可落子，而絕不會像新手，懵懵懂懂地落棋，導致「一著不慎，滿盤皆輸」。

我在擔任記者採訪農村經濟時，多次看到這種情景：

假如有誰生產出能在市場上熱賣的產品，賺了一些錢，便有不少人跟進生產。但因爲產量過多，價錢被迫下降，這時大家便會紛紛停手，甚至會將前期投入的成本虧掉。

但這樣的怪現象，卻被幾個人打破了。

他們在產品價格下滑時不停手，反而擴大規模，結果不僅沒虧錢，甚至還大賺一筆。

他們就是國內著名的希望集團的創辦人劉永好兄弟。

他們當年僅以一千塊錢元起家，幾年之內，透過養鵪鶉賺到了第一桶金。

正當他們準備進一步擴大鵪鶉養殖規模時，周圍很多農民因爲受他們的影響，紛紛開始養殖鵪鶉，最終導致產品過剩，價格大幅度下跌。很多人都虧了本，紛紛關閉養殖場或轉行。這時候，公司的決策層也開始動搖，有人提議見好就收，趕快轉行。但劉氏兄弟堅持做下去。他們認爲只要將規模做大就不會虧本，因此他們不僅沒轉行，反而加大投資力度，趁機擴大規模。

短短一年的時間內，在四川新津縣古家村建成了中國最大的鵪鶉養殖基地，很快地便賺到了第一個一千萬元。

從劉氏兄弟的故事中，我們學到什麼？

首先，我們可以學到一個經濟學規律：規模效應。某些產品或貨品，只要達到一定的規模，成本就會降下來，就容易賺錢。

其次，一種很重要的邏輯—逆向思考。

最後，也是最重要的一點，學會深度思考。

想問題一定要想到底、想透徹，話說深度思考遠勝淺嘗輒止，只有想徹底、想透徹，才能把握事物的根本。只有想透徹了，才能發掘到意想不到的新生機，才會發現所謂的「危機」只是問題某方面的單一表現，不僅可以克服，而且可以「翻轉後便是天堂」，變成更大的機會。

那麼，如何才能做到「想到底，想透徹」？

## ◎追問到底，讓問題最終迎刃而解

如果無法找對問題，所有的手段都將是無的放矢。

多年前，美國華盛頓的傑佛遜紀念堂（Thomas Jefferson Memorial）前的石頭腐蝕得很厲害，這讓館方的維修團隊大傷腦筋，甚至引起遊客們的抱怨。而按照一般人的想法，最簡單的做法就是換石頭。但這樣一來又得花費一大筆錢。

這時，館方開始思考：「石頭為什麼會被腐蝕？」

「是因為維修人員太過頻繁地清潔石頭。」

「那為什麼要這麼頻繁地清潔石頭呢？」

「因為那些經常光臨紀念堂的鴿子們，會在石頭上留下太多的糞便。」

「所以，為什麼會有這麼多的鴿子飛來這裡？」

「因為這裡有大量的蜘蛛可供牠們覓食。」

「這麼多的蜘蛛，哪裡來的？」

「這些蜘蛛是被大量的飛蛾吸引過來的……。」

「那麼，這麼大量的飛蛾是怎麼移動過來的？」

「應該是在每天黃昏時，被紀念堂的燈光吸引過來的。」

透過不斷地發問與解答，真正的原因終於被找到了。之後，館方採取推遲開夜燈的時間。這樣一來，既然沒有燈光，飛蛾就不會靠過來；而沒有了飛蛾，蜘蛛自然就消失不見了；最後是蜘蛛不光顧了，鴿子也不來了……；直到最後，糞便問題因此解決了。

小小的一個舉動，不但解決石頭腐蝕的問題，還省了一大筆開支，兩全其美。

## 「不完善」不構成理由，如何去完善才是重點

人們想事情的邏輯還有一個弱點，那就是容易將階段性問題與本質性問題混淆。看到某一事物還不完善，就全盤否定它，結果便是爲了倒洗澡水而把孩子潑掉了。其實，只要你看到某個問題是可以完善的，那麼自然就不會輕易放棄有價值的東西。

在現實生活中，我們經常遇到因困難、問題和不夠完善而持續退縮的事。1837年，塞繆爾・莫爾斯（Samuel Finley Breese Morse）[1]製造出了世界上第一台發報機，標榜能在五百公尺內工作。當他去找企業家談募資時，受到了很多資本家的嘲笑，有人甚至挖苦他說：「若電線能傳遞消息，那空氣是否也能變成麵包吃下肚子了。」但他不爲所動，持續進行實際操演，後來終於有人表示興趣，但瞭解後卻又對他說：「我知道了，這其實是一種玩具──而遺憾的是，這還是一種枯燥乏味的玩具。」

也有人意識到發報機確實很有價值，但當他們得知消息只能發送「五百公尺」時，往往立刻放棄投資的念頭：「五百公尺，這也用不著發電報啊！」電報只能發送五百公尺的距離，在某一段時期確實是莫爾斯發明的「死結」。但這畢竟只是一個需要持續改善的問題。所以後來，莫爾斯終於透過改進發報和收報裝置，並在傳播線路上添加一種

繼電器，徹底解決了電流在傳播過程逐漸減弱的問題。最後他贏得了美國國會的支持，成功實踐自己的偉大理想。

其實，很多創造性發明都是爲了解決問題出現的。

電商之所以發展起來，無非就是支付成爲一種了問題。於是，電子支付因應而生。

快遞物流送貨怕弄丟商品，所以「豐巢」[2]出現了。

**對創造性事業而言，不夠完善不應成為「被否定」的理由，只能是成為「進一步完善」的理由才對。**

## ◎只有更進一步想透，才有更大層次的突破

我們經常談到「開拓精神」。

開拓精神是人類最可貴的精神之一。那麼，什麼是開拓精神呢？

所謂開拓，就是除了開闢還要拓進。而且，拓進的意志和能力，有時比開闢更爲重要。我們將這種不斷拓展的力量稱爲拓力。這是一種絕對不可缺少的思考能力，是一種希望能窮盡一切可能的能力。

曾經有人問愛因斯坦，他與普通人的區別在哪裡？愛因斯坦回答說：「如果讓一個普通人在一個稻草堆裡尋找一根針，那個人通常會在找到一根針後就停下來；而我則不一樣，我會把整個稻草堆掀開來，把可能散落在稻草裡的針全部找出來。」這個形容，正是對這種拓力的生動說明。

那麼，拓力體現在哪些方面呢？我認爲它具備三個層次：

- 第一層是深度—拓進：對本質的深入探索。
- 第二層是廣度—拓大：從現有領域拓大到其他領域。
- 第三層是階段—拓展：除了草創時期外還要繼續開創，並且不斷超越。

上述三點，分別從根本、空間和時間三個方面，對解決問題的「極限」進行挑戰。只要把握了其中一點，就有大幅突破的可能。

在這方面，路易・維克多・德布羅意（Louis Victor de Broglie）[3]就是一個典型的代表。眾所周知，愛因斯坦發現了光具有波粒二象性（Wave–Particle Duality），這是一項歷史性的發現。德布羅意在研究物質粒子的特性時，在一段時期內被很多問題所困擾。最後，他大膽地設想：「既然波粒二象性適合於光，那麼是否也適合所有物質呢？」後來經過大膽的實驗和小心求證，他終於發現物質粒子也具有波粒二象性。

這項發現，頓時成爲二十世紀物理學最重要的發現之一。

希望集團的成功證明了：如果只想一步，就會發現產品降價了，出現危機，進而不得不轉行。但是再往前想一步，乾脆進一步擴大規模，反倒可以賺更多的錢。

這樣一來，所謂的「問題」，恰好成爲他們獲得發展的好機會。在面對工作和生活中的各種問題時，人們更需要的就是有這種跨度的思考模式與品質！

---

1.美國知名畫家、電報之父（1791.04.27～1872.04.02）。

2.深圳市豐巢科技有限公司，簡稱豐巢科技，是中國大陸新起的一家物流公司。

3.法國物理學家，法國外交和政治世家布羅伊公爵家族的後代。（1892.08.15～1987.03.19）1944 年獲選為法蘭西學術院首席院士的殊榮，是第十六位得到此殊榮的人士，也是法國科學院的永久秘書。

Chapter 3

# 方法爲王：讓問題迎刃而解

## 找到靶心：問題癥結是什麼？

要解決問題，首先要對正確定義問題。釐清「問題到底是什麼？」無異就是找到「靶心」。否則，要嘛是勞而無功，要嘛就是南轅北轍。

「一個已被正確定義的問題，通常已經被解決了一半。」因為只有找到「真正的問題」，才有「根本的解方」，甚至還能考慮從其他方面甚至反方向去找方法。

既然我們已在心理上戰勝了對問題的恐懼，現在就可以來好好探究針對問題找出解決方法了。

一談到如何解決問題，有人可能會說：「好啊，趕快告訴我們解決問題的技巧是什麼吧，讓我能在最短時間內成為一個解決問題的高手。」急於解決問題是一種很大的誘惑，但若只是衝著快點解決問題的目標而去，很可能只會勞而無功，結果南轅北轍。

爲什麼？因爲，要解決問題，首先是對問題正確定義問題，即是弄清楚「問題到底是什麼？」因爲只要弄清楚問題到底是什麼，這等於就是找到瞄準的「靶心」。

## 找到「真正的問題」，才有「根本的解方」

著名思想家杜威說得好：「一個清楚定義的問題，已經被解決了一半。」劉潤老師更是明確指出，找到「眞正的問題」，才有「根本的解方」。這其實就是要你找到眞正的問題。只有找到眞正的問題，你才能從根本上將其解決。

讓我們從衆所周知的「司馬光砸缸」的故事講起吧！

話說有一天，司馬光跟一群朋友們在後院裡玩耍，有個小孩爬到大缸上玩，失足掉進缸裡面……。別的孩子們趕緊去叫大人。司馬光卻急中生智，撿起一塊大石頭，使勁地向水缸擊去。

頓時，水湧出來，那個小孩也得救了。

雖然這個故事在亞洲世界幾乎是家喻戶曉，但你是否想過：「我們除了可以從這個故事中得到「做人要聰明」的啟示以外，司馬光的思考方式到底有什麼了不起呢？為什麼值得學習呢？」

在我很小的時候就被這個故事深深迷住，這也是促使我對研究思維方法著迷的起因之一。我一直想學習司馬光的思考方式，可一直覺得沒有辦法照章全收：「不可能又有一個小朋友掉到水缸裡，讓我們再救一次吧？」直到我研究思維學後才恍然大悟，原來司馬光最了不起的地方就是擅於定義問題，若將這個問題歸結到某個點上，那就是「分」字：只要把水和人分開，那就可以了。

既能讓大人採取拉的方式去救小夥伴，那是讓人離開水。也可直接採取砸缸的手段救出小夥伴，讓水離開人。既然大人不在身邊，那麼，採取砸缸的手段，也能讓水與人分開，這樣不是更好的方法嗎？

一個「分」字，清楚定義了解決問題的方式！

這不就是「一個清楚定義的問題，已經被解決了一半」嗎？

定義問題就是找「靶心」。找不準靶心，通常就會無的放矢。而一旦找到靶心，解決問題就有了基本的保證。

有一段時期，全世界都在研究製造電晶體的原料──鍺。

大家認爲最大的問題是，如何將鍺提煉得更純。日本的江畸博士和助手黑田百合子也在對此進行探索，但無論採用什麼方法，鍺裡面還是會混進一些雜質，而且每次測量都顯示了不同的數據。後來他們反省：研究這一問題的目的，無非是要讓鍺能製造出更好的電晶體。於是，他們去掉原來的前提，另闢蹊徑，改以一點一點地添加雜質，看它究竟能製造出怎樣的鍺晶體來。結果，在將鍺的純度降到原來的一半時，一種最理想的晶體就此產生了。

此項發明，一舉轟動世界。

從這個例子中，你學到了什麼？

錯誤定義：將鍺提純。

正確定義：製造出更好的電晶體。

製造出更好的電晶體，才是解決問題的根本目的。毫無疑問，從解決各種工作中的問題、創造發明甚至到治國安邦，定義問題才是解決問題的前提與根本之道。

## 你若徒勞無功，可能是弄錯施力點

我們有時會在工作中付出很大努力，但卻不見成效，甚至越努力越沒用，勞而無功。

此時你需要停下來反省一下：自己是否弄錯用力點了？

孫振耀曾擔任惠普中國區總裁，被業界譽爲「中國職業經理人的榜樣」。他在惠普工作二十五年，經歷了四任全球CEO、十九任來自全球不同地區、性格各異的上司，每一任上司對他的表現都很滿意。因爲不管面對什麼樣的主管和工作環境，他總是很快就能適應。

剛到惠普，工程師出身的孫振耀突然被公司要求轉爲做銷售工作。最開始三個月，他連一台儀器都沒有賣出去。畢竟他本職學能是技術，但現在要改做銷售，一時半刻肯定適應不來。但因爲當時沒有電腦和手機，交通也不方便，所以他總是透過書信來聯繫客戶。不僅如此，他按照當年做技術時的工作方式，將產品規格、技術指標等資訊，一併透過信件告訴客戶。

可是客戶總說這不對、那不行，因爲對方也是工程師，兩人總在較勁，訂單搞半天還是簽不下來。直到有一次，主管問他業績如何，他勇敢說出自己的苦惱。主管聽完後只對他說了一句：「客戶是不喜歡你的產品還是不喜歡你這個人？你或許要改從『人性』的角度開始琢磨。」

孫振耀頓時醒了：「不能老是拿工程師的思維方式去跑業務，業務工作首先需要處理的就是人際關係。」等他意識到這一點，他開始離開辦公桌，主動拜訪客戶。算準客戶下班的時間，提前在客戶的辦公室樓下等待。有時爲了預備更多時間和客戶溝通，他甚至還會主動開車送客戶回家。待三個星期過後，客戶終於向他下訂單了。

這些經歷給了孫振耀很大的啓發，他後來總結出這樣一個觀點：在一個不斷發生變化的「動」時代，只有具備適應能力的人才能生存下去。

剛進惠普，孫振耀並未因爲從做技術轉爲做業務而心生不滿，而是調整自己去適應新工作。

這種適應能力，成爲他後來在職場發展的重要核心。

解決問題，一定要從問題的根本去著手。當發現自己徒勞無功時，就要反省是否弄錯施力點了，這是我們能讓自己找到問題癥結、解決問題的基礎。

## 改從其他方面，甚至反向思考找方法

這是定義問題最有魅力的地方。

話說第二次世界大戰期間，某一天夜晚，蘇聯軍隊準備趁黑夜向德軍發起進攻。

可是當天晚上偏偏有星星，大部隊出擊很難做到高度隱蔽而不被對方察覺……。蘇聯軍隊的統帥喬治・康斯坦丁諾維奇・朱可夫（Георгий Константинович Жуков）[1]爲此思索了很久，突然想到一個主意並立刻指示軍隊：將全軍所有的大型探照燈全部集中起來。

他準備在進攻德軍時，將這一百四十台大型探照燈同時射向德軍陣地。透過極強的亮光把隱蔽在防禦工事裡的德軍將士們照得睜不開眼，什麼也看不見，只能挨打而無法還擊。就這樣，蘇軍很快突破了德軍的防線。此役更成爲第二次世界大戰中的一個著名戰例。

我們再來分析定義問題的技巧。

錯誤定義：天黑才好向敵人發起攻勢。

正確定義：讓敵人看不見，有助於發動攻擊。

本來以爲四周黑到讓大家看不見，才好發動進攻。但現在卻完全相反，不是讓天變黑，而是要以光明－加倍的光明來解決問題。

在這裡，「天黑」不是正確的定義。「看不見」才是正確的想法！

這樣一來，改從反方向思考解決問題辦法，豈不是更有效果了嗎？

1.蘇聯軍事家（1896.12.01～1974.06.18），在德蘇戰爭上的卓越功勳，被認為是二次世界大戰中，表現最優秀的將領之一，這個成就也讓他四度榮獲蘇聯英雄的榮耀為之一。

## 透過「橫向思考」，把問題拿出來再想一次

在一個地方打水井，如果該井老是不出水，那就不要繼續往下打，反而要考慮重換一個地方。

要打開思路，可從「橫向思考」入手。想要獲得新的機會，就要警惕「路徑依賴」，並擅於發展第二條曲線。打破慣性思維，「另起一行」反而可能創造出超凡機會。經常詢問「還有沒有其他的處理方式」，正是開啓解決問題新思路的捷徑。

### ◎「換地方挑水」：打破思維慣性，實現顛覆創新

要擅於解決問題，就得充分打開思路。

而要打開思路，就可從「橫向思考」入手。

「橫向思考」又名水準思考，是著名思維學家、「創新思維之父」愛德華·德·波諾（Edward de Bono）提出的。它是與縱向思考（垂直思考法）形成對比的思維法，是

享譽世界的思維法之一。

一九八四年，美國商人彼得・維克多・尤伯羅斯（Peter Victor Ueberroth）操辦洛杉磯奧運會[1]，將奧運會一舉扭虧爲盈。當記者採訪他時，他承認其中很重要的一點是學習了愛德華・德・波諾的這種思維法。

那麼，這種思維方式的特點是什麼呢？

愛德華・德・波諾的解釋是：「水準」（橫向）是針對「縱向」而言的。「縱向思考」主要依托邏輯，只是沿著一條固定的思路走下去，而「水準思考」則偏向多思路地進行思考。爲此，他打了一個通俗的比方—換地方挑水：

在一個地方打井，井裡老是沒水來。縱向思考的人，只會嫌自己打得不夠努力，從而增加努力程度。而水準思考的人，則考慮很可能是選擇井的地方不對，或者這口井根本就沒有水，又或者要挖很深才可以挖到水，所以與其在這樣一個地方努力，不如另外尋找一個更容易出水的地方。

「縱向思考」總是按照一定的思考線路，在一個固定的範圍內，自上而下進行垂直思考，這樣，人們普遍關注「爲什麼」，而不是關注「還有可能成爲什麼」，創造力往往備受侷限。

而「橫向思考」則不斷探索其他可能性，所以更有創造力。

「橫向思考」最大的特點就是要突破通常的思路，這可能是你慣常的思路，也可能是大多數人想的思路。最重要的一點是，要勇於挑戰對某「路徑」的依賴。

所謂「路徑依賴」（Path Dependence），講的是一旦人們做了某種選擇，就好比走上了一條不歸之路，慣性的力量會使這一選擇不斷自我強化，並讓人輕易走不出去。哈佛大學的黃樂仁副教授分享過這樣一個精彩的案例。

她喜歡在創業課程中，培養學生獨立思考和創造性思維的能力。爲此，她將學生分爲多個小組，每個小組發一個信封，裡面裝有五美元。

她爲大家設計的作業是：如何利用這五美元作爲「種子資金」去賺取更多的錢？

對於如何創業，她沒有任何形式上的限制，大家可以隨心所欲地設定創業內容，她唯一的要求就是獲利。一周之後，各組要向全班展示自己的創業專案，並且公佈賺了多少錢？

實際上，這是一個有難度的作業。

最大的問題是，五美元的創業資金實在太少，只夠給心愛的女孩買兩朵花或去Costco買一份烤雞。但即便如此，學生們後來所展示的創新能力，還是讓她感到很驚喜。

各小組紛紛開始動腦筋，創造出多種賺錢的門路：

有人選擇提供洗車服務，用這五美元買進洗車需要使用的海綿、清潔劑、車蠟等材料。有人則推展社區跳蚤市場和促銷活動，向每位攤主收取服務費，然後用這五美元爲各攤位製作宣傳海報。更有人用這五美元所能買到的材料做了一些烘焙小食出售。

這些小組表現都不錯，卻是透過這五美元的成本帶來了可觀的收入，通常都能賺回四、五百美元。

但最厲害的一組來了，他們創造了一個許多人根本想不到的奇蹟：他們賺進了整整四千美元！而且更讓人難以置信的是：他們根本就沒有動用這五美元的「種子資金」！

這個奇蹟究竟是怎樣被創造的呢？

原來，他們完全跳出「只用五美元」的思維限制，而是改去思考另一個問題：「我們最大的價值是什麼？能夠讓誰幫我們出最多的錢？」他們發現自己最大的價值就是「哈佛大學」這個名牌大學。每年都有一些企業會到學校招聘大學生進入公司實習，或是找一些學生來公司擔任專案性質的兼職工作。於是，他們進一步認識到自己當時最具價值的資產不是信封裡的五美元，而是他們一周後在課堂上進行展示所需佔用的那段時間。

他們找到了一家正想招募學生做季節性兼職的公司。把這段時間，以四千美元的價格「賣」給他們。爲這家公司製作了一支宣傳短片，並在一周後的專案報告課上播放。

看到沒有？因爲看待問題的角度完全不同，他們跳出了原來「只有五美元種子資金」的限制，改用另一種資源，並以此將收益極大化。這就是「橫向思考」的價值：打破原來的思維慣性，尋找另外的可能，甚至完全跳脫原本的條件限制，找到更好的思路，創造超凡的機會！

黃樂仁在《破局思維》一書中分享了上述這則故事，並做出以下分析：「更要緊的是，只盯著五美元，就把價值上千美元的機會都排除在外了……。你看，五美元此時變成為了一把鎖，徹底限制了同學們的想像。」你最寶貴的資源並不是這五美元。若把眼光侷限在這五美元，你將會失去更多的可能性。所以，與其被這五美元限制住，不如脫離這五美元之外，考慮各種白手起家的可能性。

這種思維方式，就是現在人人追求的「Think Outside The Box」—找到最直觀的解決方法然後排除它。當遇到問題時，先找出看起來最明顯的解決方法，然後將它排除掉。

好，現在可以開始思考其他的解決方式了。

擅於這樣做的人，不僅能發現別人看不見的解決方式，還能識別別人沒有意識到的資源，發掘出理想的價值。

人都是受慣性思維支配的動物。

但是當我們打破這種慣性思維，尤其打破原來那種「非……不可」的執念並找到新的可能性時，你就會發現擺在眼前的道路，竟是那樣的寬廣。

## 淡化「主流」意識，在不起眼處創造更大的機會

蒙牛的創始人牛根生說過一句很勵志的話：「人生要學會另起一行。」

前不久，我與一個成功的青年企業家交流。一年以前，他離開原來的公司選擇創業，結果一舉成功，成爲了「跨界創業」的典範。在我問他爲什麼能取得這樣的成功時，他回答我：「在這個時時都在急劇變化的時代，創業也要學會另起一行。當你發現一個很有價值但卻很少人去做的領域時，這裡往往有著令人驚喜不已的好機會。」

不管是牛根生說的「人生要另起一行」還是這位青年企業家說的「創業要另起一行」，兩者其實都是創造性的「橫向思考」。在我身邊，就有這樣一個生動範例：

她是一家報社的科學編輯，工作表現優異，但在人才濟濟的報社裡，她的光芒似乎尚未被發現……。在工作過程中，她發現有不少青年讀者在工作和生活中遭遇難題，卻

苦於沒有地方表達心聲和交流問題。於是，她提出一條新的思路：開辦一條專門針對青年人的心理熱線。

這是一個全新的想法，在報社裡算不上是主流。因爲更多的編輯和記者們認爲，自己的主要工作是寫專欄文章和發表新聞，若眞要花時間做這件事，效益不大。但即便如此，主管還是同意她的想法。熱線很快被開通，而且產生了意想不到的效果：在社會上產生極大迴響，每支電話幾乎都被打爆。許多青少年的心聲，透過一條簡單的電話線彙集在一起，也爲這位編輯提供了很多寫新聞的素材。後來，單篇的文章發表已遠遠不夠，報社乾脆在報紙上開闢一個名叫《青春熱線》的專欄，每週發表四篇文章來討論這些讀者們的心聲。

《青春熱線》後來成了該報社最受歡迎的項目之一。而這位編輯，很快獲得了中國新聞界最高榮譽—韜奮新聞獎。

這個故事發生在我曾經工作過的部門—中國青年報報社。而這位脫穎而出的編輯，是我的同事和朋友，名叫陸小娅。

她之所以能夠取得這樣的成功，有兩個十分重要的因素：

第一，**在工作中，具有自動自發的精神。具有這種精神的人，往往能創造別人無法**

**創造的機會和價值。**

第二，**另起一行，在一般人不太注意的地方發掘新的機會。機會常常產生在邊緣，產生在一般人沒有留心的地方。**

這其實是在一定程度上淡化了「主流意識」，打造競爭的「藍海機會」。很多時候，主流往往是競爭激烈的「紅海」，所以，特意避開就能創造競爭少、效益高的「藍海」。正因爲一般人不怎麼留心，故而當被發掘出來時，往往就會變成超級好機會。

## ◎經常詢問「還有沒有其他處理方式」，讓解決思路越來越寬

很多時候，我們之所以對問題心生恐懼，往往是因爲我們並爲打開思考模式，總覺得解決問題只能朝一個方向去努力。實際上，解決問題的方法往往不止一種，有時這種方式不行，其實還有另外方式可以試試看，須知這世上總會有更多更好的辦法。

這時候，有一個法寶可以拿來用。建議你好好問問自己：「還有沒有其他想法？」

在一個著名的植物園，每天都會有大批遊客前來參觀。但是有一個問題：一些遊客總是趁管理人員不注意時偷走一些花卉。後來，植物園換了一位新管理員。他將公園的

告示牌做了一點小更動，就這樣，居民偷花的現象消失了。

原來的告示牌上寫的是：「凡偷盜花木者，罰款二百元。」

現在，新的管理員將告示牌改寫成：「凡檢舉偷盜花木者，賞金二百元。」結果，一直解決不了的問題，頓時解決了。

爲何小小的改動能帶來這麼好的效果？且聽聽這位管理員的回答吧：「以前的管理員那麼寫，只能靠他的雙眼來監督。但現在我這麼做，可能會有幾百雙警惕的眼睛在幫我監督大家。」

這是何等奇妙的轉換！

遇到問題，我們應該學會改變思路。

思路一經改變，原來那些難以解決的問題，往往就有可能迎刃而解。

---

1. 美國體育主管和企業家，被譽為奧林匹克「商業之父」（1937.09.02～），他曾在國際奧委會財政困難和舉辦奧運會被當作政府財政陷阱的謠言滿天飛之際，堅定地與商業贊助商緊密結合，成功舉辦 1984 年洛杉磯奧運會並獲利 2.25 億美元因此。

# 改以「側面思考」，尋找問題的關聯性

思考問題時，試著放棄從正面角度切入，改以出人意料的側面角度來思考和解決問題，有時效果更好。因為可從側面方向找出關聯性、發掘核心價值、突出眾人的興奮點……。而培養側向思維能力，關鍵在於兩點：

第一，養成「迂迴」思考的習慣。

第二，把握強弱的辯證。

「側面思考」是一種不從正面角度切入，改從側面角度來思考和解決問題的方法。由於避開了人人都容易看到的正面，所以往往能從常人看不到的角度去發現問題，找到機會，進而想出解決辦法。

這種思考邏輯往往能讓人感受到「旁逸斜出」的魅力，收到出人意料的效果。那麼，側向思維具備哪些特質呢？

## ○找出「關聯性」

如果你是一家電影公司的職員，公司現在要在另一個城市開闢新的電影院，安排你執行一項任務：在一到兩天的時間內，幫公司找到一個最適合開設電影院的地方。

你有把握在這麼短的時間內找到新址嗎？

衆所周知，開電影院和開商店的經驗是一樣的：第一是位置，第二是位置，第三還是位置。位置爲什麼如此重要？因爲是，商店和電影院想要生意興隆，首先便得募集人氣。想要人氣旺盛，那就必須將位置設定在人口流量多、消費能力強的地方。但這說來容易，做起來實在有困難，畢竟這樣的精華地段也不是那麼好找的……。

很多人面對這樣的問題，經常會根據常規思維，用測算人口流量的方法去解決。其中最直接的方法（正向方法），就是每天派人到各處實地考察，但這樣必需耗費大量時間和精力，短時間內根本不可能得到結果。

還有一種辦法就是，聘請專門的調查公司來做市調，但那肯定又是一大筆開銷。

除了上述這兩種方法外，還有沒有更好的方法呢？

日本一位電影公司的主管就曾遭遇過這樣的問題。但他只採用了一個非常簡單的方法，簡簡單單地便解決這個問題。

他怎麼做的呢？

他其實就是帶著部下來到該新址所在的警察派出所去做市調。而調查的目標十分簡單：哪些地方平時人們丟錢包的情況最多，就選擇該地開電影院。結果證明，這個選擇實在太對了，這家電影院成爲該電影公司開設的衆多電影院中最火的一家。

這種選擇的理由是什麼？

因爲丟失錢包最多的地方就是人流最大、消費活動最旺盛的地方。而這位主管所採用的方法，就是側向思維法。它的具體做法是：思考問題時，不從正面角度思考，而是採用出人意料的側面角度來思考和解決問題。

有時找到某種關聯是解決問題的關鍵。如果從正面尋找，或者太費勁，或者有其他不便，這時不妨試著從側面去尋找。

關於開電影院調查的例子的思路：

第一，目標：最理想的地方—人流最多的地方。

第二，人最多的地方表現爲：一是人頭湧動；二是擁擠；三是吵吵嚷嚷；四是容易丟東西；五，其他……。

第三，剔除其他方面的表現，單選一個重要的側面：容易丟東西。

第四，從哪裡才能知道，什麼地方最容易丟東西─派出所。

就這樣，從側面順藤摸瓜，問題很快就有解決的方法出現了。

## 爭取「機會點」

當大家都在盯住某一個事物的正面價值，即主要價值的時候，你若改去關注與此相關的側面價值時，說不定反而可以從中挖掘到獨特的機會。

當下，不少青年人都覺得賺錢很難，如何找到新思路賺錢，是大家很關心的問題。讓我們來分享一個年輕女孩，透過畫畫賺錢的故事。

畫畫作爲一種藝術追求，怎麼去努力都可以，但是如果談到是否賺錢，一般只有兩種情況：一種情況是成爲畫家，畫作能賣出好價錢。這往往要等到年齡較大，而繪畫水準亦已獲得多方承認以後。而另一種情況是，在學畫的過程中投入更多精力、時間及資金，但不可能賺到錢。

這也是某一些孩子即便具備繪畫天賦，但家長們亦不願送他們去學畫畫的原因。但以下這個曾由不少媒體報導過的女孩，竟讓我們看到了另外一種可能性：

一位來自鄉村，名叫張麗佳的女孩，當初走上畫畫這條道路是她為數不多的堅持。藝考培訓費一次一萬元，她一共花了三萬多。後來，她考入廣東某大學服裝設計專業，為了支付高昂的學費，她的課餘時間幾乎都在兼職。她做過平面模特、禮儀公司的員工；給學化妝的人當模特兒，一坐就是一、兩個小時；也曾在高溫下穿著厚重的道具服，沿街發送傳單。若真說比較接近本行的工作，也無非就是在百貨公司的花車專櫃前，幫購買專櫃商品的人畫一張肖像素描。

大二那年，學校附近有一間麵包店開業，老闆想在牆上畫一些壁畫，透過某些關係聯繫上她。待她畫完後，老闆給了她一些報酬。從那以後，她好像發現了一個新天地。畢業後，她回到老家，向父母表達了從事壁畫行業的想法。可預料的是，遭到雙親反對，畢竟在長輩眼中，女孩子本就應該按部就班地找一份辦公室的安穩工作，或是當一名美術老師都好，總之不管哪種選擇，肯定都比四處為家的壁畫師安穩許多。

張麗佳因此選擇離開家鄉，來到大城市尋找機會。

其實在進入這個領域後，她發現自己能拓展的業務其實很多：有的社區要畫壁畫，有些豪宅的業主想要畫壁畫，甚至還有一些大樓的接待大廳也想畫幅壁畫來增加上社區質感……。總之，她不斷地拓展業務，也時時關心要如何將藝術與時尚結合起來，待一段時過後，她終於選擇了以浮雕壁畫作爲主攻的方向。

她所畫的孔雀浮雕壁畫，栩栩如生又很富意境，越來越受到市場歡迎。之後，張麗佳在親友鼓勵下，嘗試將自己畫壁畫的過程拍下來，並且上傳到她註冊的抖音帳號上。開始時，並無多大迴響。

不久後，她再試著上傳另一幅自己在病中創作出來的作品《紅運當頭》，畫中出現瀑布山石，綴著紅葉，十分動人，該篇貼文獲得十八萬個點讚量。這個結果一下子激發出她更大的自信，她開始不斷地將作品上傳到抖音。隨著作品越來越受肯定和讚賞，她決心往繪畫創作這條路走下去的自信也越來越大。後來，她的抖音帳號擁有六百多萬名粉絲。這不僅進一步提高了她的影響力，讓她的壁畫訂單供不應求，還讓她獲得不少授課機會。

有一篇署名爲陳泰山的作者所寫《95後女孩成爲壁畫師：靠手藝賺大錢，一個月輕鬆賺進五十萬》的文章，便曾對她的故事進行總結：「大家千萬別小瞧了張麗佳，話說年輕人賺錢容易，這句話放到她的身上，一點也不為過。」

「她是真的創作壁畫賺到錢。當很多年輕人還在執著於進行自己的塗鴉藝術創作時，像張麗佳這樣聰明的孩子已開始利用自己的繪畫技巧，在新的領域之中賺錢了。」

張麗佳的做法其實就是側向思維的實踐：若按正向思考的路子走，畫畫應該就是在一張又一張的畫布或紙上繪圖。如果想要賺錢，就要很有名氣，然後到藝廊或其他拍賣所去販售作品。但是張麗佳的畫作卻不是畫在紙上，而是畫在牆壁上。

當大家都在盯住某一事物的正面價值即主要價值的時候，你去關注與此相關的側面價值，說不定便可從中挖掘到好機會。

再來看看另一個經典案例：

美國加州興起淘金熱時，淘金者蜂擁而至。有人發財了，但也有人血本無歸……。

有一個叫作亞默爾的年輕人，本來也是前來淘金的，但就在一個偶然的機會下，他發現在這裡要取得乾淨的水源很困難。慧眼獨具的他立即意識到這是一個大商機，他於是放棄淘金，轉而做起賣水的生意。

剛開始時，很有人嘲笑他：「千里迢迢來這裡，不抱西瓜卻揀芝麻，真是可笑之極。」但他絲毫不爲所動，最後的確靠著賣水，在很短的時間內就賺了六千美元。當不少淘金者還在挨餓的時候，他早已累積到了第一桶金。

這就是從側面方向找價值。「側向凸出」的關鍵在於「凸出」，即是挖掘充分獨特的側向價值，並將之發揚光大。

## 突出「興奮點」

當今社會，網紅帶貨是一個熱點。如何培養並提升帶貨能力，是許多人最關心的問題。我不禁想起英國作家威廉・索美塞特・毛姆（William Somerset Maugham）[1]推銷自己作品的故事。

毛姆在尚未成名前的生活很困窘，作品賣不出去。後來，他想到一個辦法，決定在報紙刊登廣告：「本人是一位年輕有教養、愛好廣泛的百萬富翁，希望找一位與毛姆小說中的女主角一樣的女性結婚。」結果，毛姆的小說很快就被搶購一空。

書賣不出去，直接宣傳書本身的價值，這雖是正面的做法，但很可能既費力又不討好。因此，毛姆改從側面大做文章：

透過一則百萬富翁的徵婚廣告，刺激人們的興奮點──究竟毛姆的小說有多大的吸引力，能讓這位年輕的百萬富翁竟然想以書中的主角來作爲擇偶標準？於是在好奇心的驅使下，大家紛紛購買毛姆的小說。不管是推銷產品還是宣傳自己，最重要的是吸引人群。

而要吸引人，那就需要突出興奮點。

有時，從正面很難突出興奮點，但若改從側面去做，效果可能就完全不同。本應是賣書的廣告，卻變成是以一則徵婚廣告的形式來呈現，這就是側向思維的魅力，以及最了不起的地方，**把自己要解決的問題，與別人最關心的事情做掛鉤**。

他不會對你本身的問題感興趣，但一定會對自己關心的事情感興趣。如果你能從這個案例中學到這一招，不僅對於提升自我影響力有幫助，而且可能讓你變成超級網紅。

## ◎二大「關鍵點」

而發展側向思維能力，關鍵在於兩點：

**第一，養成「迂迴」思考的習慣，將邏輯強行扭轉到「不起眼之處」，強迫自己改從側向角度思考**。拿破崙有句名言這麼說：「我從不正面攻擊一個可以迂迴的陣地。」畢竟側面思考往往需要「拐彎抹角」才行。因此，能不能養成「迂迴」思考的習慣，正是你能否有效進行側向思考的關鍵。

**第二，把握強弱的辯證**。它要求即使在有明顯正向方式的情況下，也要強行將思考方向往側面「拐彎」，甚至是拐到「不起眼處」、「次要處」、「配角處」來。

這其實體現了一種強弱的辯證。我們可以從多方面形容其辯證的關係：角即主角，輕處即重處，不「起眼」即大「起眼」，迂迴即近路、「岔路」即正路、「附帶效果」即最大效果等。而所有強弱的變化都伴隨著一個「隱」、「顯」轉換的過程：所有的強──「主角」、「起眼」、「重」、「近路」、「最大效果」等，在開始時都是「隱」的。只有到最後，才能感覺到別開生面之妙，甚至讓人有「我怎麼沒想到」的驚歎。

1. 英國現代小說家、劇作家（1874.01.25～1965.12.16），當代最受歡迎的作家之一，據說更是20世紀30年代收入最高的作家，1915年發表的《人性枷鎖》（Of Human Bondage）是其代表作。

## 且讓「逆向思考」，創造驚喜連連

當正向思考走不通時，嘗試改從反面角度去考量，問題說不定一下子就走通了。逆向思考模式基本上就是大違常理，從問題的反面去找尋解決辦法。所謂：

顛倒次序，總能出奇制勝；逆向解決，更易柳暗花明。

逆向運用，可以化廢為寶；正反索因，多有科學發現。

顧名思義，逆向思考就是大違常理，從反面探究解決問題的方法。很多時候，對問題只從一個角度去想，很可能進入死胡同。因爲事實可能完全相反；有時，問題實在很棘手，從正面無法解決。這時，假如探尋逆向可能，反倒會有出乎意料的結果，這種邏輯有一個最容易記住的模式：「因為，反而……」。

逆向思維的方式非常厲害。有人說，一萬個人中，能掌握逆向思維的比例，可能不到百分之五。但只要你成功掌握，就能擁有常人難以想像的奇效。

## 逆向更換思維方向，實現顛覆創新

比爾．蓋茲有句名言：「在創新面前，生意是不平等的。」而最大的創新是顛覆式創新。想要實現顛覆式創新，採用逆向思維是最好的方式之一。作爲青年成功的典型，創辦了字節跳動（Beijing Bytedance technology company Limited）的張一鳴，無疑是最成功的人之一。

而分析他爲什麼能成功，其思維方式絕對有至關重要的作用。在思維方式中，擅於使用逆向思維是格外值得總結的。我們且來分析一下他創辦「今日頭條」的思路歷程。

張一鳴在南開大學畢業後不久，就進入一家名叫酷訊的公司。有一次，他也遇到一個我們很多人遇到過的問題：想買火車票回家，卻發現沒有票了。遇到這種情況，人們往往是過一段時間再去網上看一下，或改找「黃牛」加價買票。

但張一鳴沒有這麼做。當時是午休時間，他充分發揮自己的技術優勢，僅僅花了一小時寫出自動搶票的小程式。結果半小時不到就收到了搶票成功的簡訊提醒。這件事或許帶給他一個很重要的靈感：「不一定要自己找資訊，也可以讓資訊找上你。」後來又過了幾年，移動互聯網成爲市場主流，張一鳴做出判斷：「越是在移動互聯網上，越是需要個性化的個人資訊門戶。我們就是為移動互聯網而生的。」

「在這個前提下，幫用戶發現感興趣、有價值的資訊，機會和意義都變得非常大。」

於是，他開始第五次創業，創辦了「今日頭條」。

這從一定角度講，一切尚屬於內容創業範疇。當時的互聯網大公司都對內容創業瞧不上眼，認爲過時了，還有許多做內容的傳統媒體和網站，再深耕這一塊，沒有任何競爭優勢。但張一鳴的優勢正好是自己不直接做內容。他團隊裡一百多名員工全是技術人員，沒有一人懂新聞，甚至連總編輯都沒有。那麼，「今日頭條」是按照哪一種思維模式進行運作呢？

其實，一切就和他當初寫程式買火車票是一樣的：不是讓人去找內容，而是讓內容找人。他透過機器識別、分發的方式，將個性化的內容，分發給對有關資訊、新聞感興趣的人。舉例來說：你對國際時事感興趣，系統可能更多給你推薦俄羅斯與烏克蘭的戰事等方面內容給你；若你對明星婚戀感興趣，系統可能更多給你推薦明星離婚或結婚的內容等等。

但張一鳴卻決定不生產內容。

「今日頭條」不去做內容，而是要做內容搬運，透過演算法、大資料挖掘，讓一千個人看到一千種不同的版本。這樣，成千上萬的網站內容就成了張一鳴的資訊源，而且是自動獲取。在零點一秒內計算推薦結果，三秒完成文章提取、挖掘、消重、分類，五秒計算出新用戶興趣分配，十秒內推送到用戶端。

「你關心的，才是頭條！」這句話，充分體現了「今日頭條」的運營模式。更有網友稱，張一鳴是新聞界的「顛覆者」。

從「讓人去找內容」到「讓內容找人」的思路，是不是一種革命性的思維？這種革命性的思維，其實就是逆向思維。就是顛覆傳統做法的思維。憑著這種思維以及有關資料智慧，「今日頭條」打敗了不少非常成熟的門戶和新聞用戶端。網路上曾有一個非常有意思的提問：「頭條創始人張一鳴沒有在大企業工作過的經驗，那他是怎麼做出這麼厲害的產品，以及管理這麼大的團隊呢？」

而一個讀者的回答也很妙：「超級牛人，有著不同凡人的腦袋。那只能是開大廠的人。」

「投資之神」巴菲特的搭檔查理・蒙格，被巴菲特譽爲「把我從野蠻人變爲文明人的人」，就是一位最重視思維模式的人，他的代表作《窮查理寶典》（Poor Charlie's Almanack）就講過不少思維模式。而他最重視的思維模式之一，就是逆向思維。

他經常說的一句話是：「反過來想！反過來想！」

看了張一鳴創辦「今日頭條」的故事，以及查理・蒙格對逆向思維的重視，我們是不是也可以經常從反面進行思考，並努力做一些顚覆式創新呢？

## 逆向解決問題，更能柳暗花明

前一章的側向思維內容中，我們講過，如果你是開店做生意，往往便有這麼一個規律：「第一是位置，第二是位置，第三還是位置。」如何擁有一個好的位置，是讓生意興隆的關鍵。但是要拿到好的位置，不僅需要更多的錢，有時還需要其他有分量的條件。那麼，當這兩點都不具備的時候，該怎麼辦呢？

歷史上曾經發生過一個很有名的故事：

南唐後主李煜，指派博學善辯的徐鉉擔任大宋進貢的使臣。按照慣例，大宋朝廷要派一名官員與使者入朝。但朝中大臣都認爲自己的辭令比不上徐鉉，沒人敢領旨前往。宋太祖得知後，做了一個出乎衆人意料的決定：他命人寫了十個不識字的侍衛名字給他，之後他再用筆隨便圈選了其中一個人的名字，說：「這人可以……」

在場的大臣都很吃驚，但誰都不敢提出異議，只好讓這個還不明白是怎麼回事的侍衛前去赴約。徐鉉一見侍衛前來，便開始滔滔不絕地講了起來，但侍衛根本搭不上話，只好連連點頭。徐鉉見來人只知點頭，猜不出他到底有多大能耐，只好硬著頭皮繼續講。

一連幾天，侍衛還是不說話，徐鉉也講累了，於是再也不吭聲。

這就是歷史上有名的宋太祖以愚困智、解難題的故事。

能夠收到柳暗花明、別開生面的效果，這正是逆向思維最具魅力的地方之一。

## ◎逆向運用，可以「化廢為寶」

很多事實證明，某些契機不從正面而是改從反面出現的。因此，即便出現與你原來所設想完全相反的情況，也不要忙著否定與放棄，而是先想一想：「是否有反向創造的價值？」這正是「沒有廢品，只有放錯了位置的資源」的道理啊！

其實，這種「化廢爲寶」的邏輯也可運用到其他方面，就是將某一缺點和於己不利的東西，轉化成爲有利的利器。

還記得我們部門有一位總監，該員就擅於運用此法。當他在該部門的工作時，主要工作就是聯繫與培訓客戶，尤其是訓練VIP。當時，他對這個行業並不熟悉，但他認識一個著名企業的總經理。問題是：這位總經理以前給過他較大的幫助。他正想著如何報答，卻還沒有來得及報答。現在又去找人幫忙，是不是太難爲情了？他心中其實很糾結。

但經過仔細思考後，他找到解決辦法了，他再次前往拜訪那位總經理，並且對他說：「謝謝您以前幫助我。我一直想著如何回報您。但總是沒有合適的機會。但感謝上天，現在我終於找到一個可以好好報答您的機會了。」接著，他就向總經理介紹自家公司的課程，讓總經理形成一個印象：他們部門正在突破瓶頸，最需要的就是對培訓管理階層，而我們的課程正好可以補足他們的需求。

那位總經理爽快地答應他，請他安排培訓事宜。而事後更對培訓效果感到非常滿意，不僅十分感謝這位總監，而且更出人意料地將課酬比原來約定的還多增加了一些。事後，這位總監總結說：「在開始的時候，我想事情的角度是，向總經理提出培訓要求是給他添麻煩。但我後來反過來想，我應該改我們能夠為他們帶來好處的那一面去思考。」

「本來是兩個問題，一個是尚未回報別人卻便又得再麻煩人家的問題，但經過我這麼一轉念，整件事情就變成是很好開口、實際上也能帶來效果的做法。」

改變一下思考方向，效果完全不一樣！

## 正反索因，多有科學發現

這個論述主要用於創造發明的場合。其主要的理論依據是：很多事情都是互爲因果的。而就在「電磁鐵」被發現後，這項創舉激發了自學成才的英國青年麥可・法拉第（Michael Faraday）[1]的強烈興趣。

透過反覆試驗，他想：「既然通電可以產生磁鐵，那麼反過來，電磁鐵能不能產生電呢？」他於是開始反覆試驗。幾年後，有一天，他把一塊圓形磁石插入繞有銅絲圈的長筒裡，就這樣，創造了電流。

法拉第之後再根據他的發現，成功製造出世界上的第一部發電機。

這實際上就是一種互爲因果的反面求證法，對科學發現和發明領域，都有著十分重要的意義。

1. 英國物理學家（1791.09.22～1867.08.25），曾在電磁學及電化學領域做出重要貢獻，研究領域包括電磁感應、抗磁性、電解。

## 有系統，講組織

系統方法，是最需要掌握的方法之一。

在考慮解決某一問題時，不是把它當作一個孤立、分割的問題來處理，而是當作一個有機關聯的系統來處理。而想要掌握和運用這個系統，重點應該是：

第一，從局部上升至整體，實現「一加一大於二」。

第二，不是機械聯繫，而是有機聯繫。

第三，擅於啓動「隱系統」

第四，巧妙製造「自解決系統」

### 從局部上升為整體，實現「一加一大於二」

假設你前往世界排名前五十大的知名企業應徵工作，面試官給了你這樣一個問題：

在一個暴風雨的晚上，你現在正駕駛一輛汽車，途經一個車站。站內有三個人正在焦急地等公車……。

一個是生命垂危的老人，他需要馬上去醫院就醫。

一個是醫生，他正好曾經救過你的命，你連做夢都想要報答他。

一個是女人，他是你做夢都想娶進門的人，而錯過今晚也是就是遺憾終生。

但結果是，你的車只能載一個人，你會如何選擇？

從道義上講，老人快要病死了，你理應要先救他。但從情感上講，你一直想創造與夢中情人在一起的機會，錯過這個機會，你可能就會抱憾一生。最後從感恩心理出發，你也想讓那位醫生上車，畢竟他曾經救過你，你必須報答他。

有人說，這是摩托羅拉應徵新人的基本考題，也有人說，這是IBM的經典面試題之一。應聘者的回答千變萬化，都是從自身出發的不同角度來選擇。

那麼，什麼才是正確答案呢？

在回答這個問題之前，讓我們溫習一下歷史上著名的「田忌賽馬」的故事。

孫臏是戰國時期的著名軍事家。

齊國大臣田忌，喜歡和公子王孫們打賭賽馬，但結果總是輸。於是，孫臏對田忌說：

「您只管下重注，我包您一定能贏。」賽馬時，孫臏讓田忌用自己的上等馬跟別人的中等馬比賽，用中等馬與別人的下等馬比賽，再用下等馬對付別人的上等馬。

結果，三場比賽下來，田忌勝了兩場。

孫臏之所以能讓田忌穩操勝券，在於他將整個賽馬活動當成了一個系統來處理。雖然以下等馬和對方的上等馬比，結局是非輸不可，但是另外的兩場比賽，卻是每場都贏。

孫臏之所以成功，是因爲他採用了系統思維的方式。系統思維，這是史上歷史最悠久而且又最富創造性思維的方法之一。而系統思維的方法，更是當代職場人士最需要掌握的方法之一。因此，系統思維的特點是什麼？包括以下三點：

**第一，全面性，要全盤考量到問題的方方面面。**

**第二，有機性，各系統之間不是機械聯繫，而是有機聯繫。有時還會牽一發動全身，一個小環節都會影響最終結果。**

**第三，最優化，務求收到最佳效果。**

好了，現在我們可以披露前面那道考題的答案了。

我是在某一次人力資源研討會上，第一次聽到這道試題。某一家知名企業的人力資源總監給出的理想回答是：「給醫生車鑰匙，讓他帶著老人去醫院，而我則留下來陪我的夢中情人一起等公共汽車。」我們不必糾結於是哪家知名企業出的面試題，甚至也不必糾結於，是不是知名企業的面試題。我們只要回答一句：「這樣的解決方式，是不是最好的方式呢？」

我們再把這個方式與「田忌賽馬」的故事比較一下，是不是可以看到兩者都有系統思維「全面性、有機性、最優化」的特點？關於系統論，有句很有名的闡述是：「整體大於各部分的總和。」

與此同時，對於如何創造理想的系統，也有一個形象的表述：「一加一大於二」。

假如我們也能像孫臏和這位應試成功者那樣，從系統論的三個方面去思考和解決問題，自然也能創造「一加一大於二」的奇蹟。要成爲一個擅於運用系統思維的人，就要從「最優化」的目標出現，從局部上升到整體去考慮問題的方方面面。這其中最大的挑戰，就是從總體效果出發，捨棄某些東西。

在「田忌賽馬」中，最關鍵的是要讓下等馬對付別人的上等馬，這樣一來，下等馬雖處於「必輸」的狀態，但這場「必輸」能換來另外兩場「必贏」，總體上來看就是勝利。

回到面試官的這個例子中來看，最重要的是想到要放棄手中已擁有的車鑰匙，畢竟有捨才有得，**局部的捨棄，往往是為了取得整體更好的效果**。

## ●不是機械聯繫，而是「有機」聯繫

這要求我們在考慮事物之間的聯繫時，要避免把這些聯繫看成機械聯繫，而要認識到它們是有機聯繫。很多人在職場中會遇到這樣的情況──本來是好心辦事，但沒有料到：事情辦成了，卻出力不討好，你認爲應該感謝你的人，有時甚至偏偏就抱怨責怪你。

爲什麼會這樣？難道是別人的心腸太壞了？

未必如此。

出現這種情況，很可能是由於你考慮問題時只顧及某一點，而非全部……。

我曾在某企業做過一次有關執行力的培訓，培訓結束後，企業的市場行銷部主管向我訴苦，描述一件剛剛才發生在她身上，讓她「百思不得其解」的事情。

該企業的設計部門最近剛開發了一項新品。她覺得品質非常不錯，於是寫了一篇介紹新品的宣傳報導，並且刊登在當地的一家新聞媒體上。這本來看似應是一件很好的事情，不但幫企業做宣傳，也大大獎勵並肯定了設計部的努力與創意。但她沒有想到的是：新聞稿一經發出後，設計部的主管對她很有意見，甚至連碰面時都不太願意搭理說話了……。

她不知道究竟發生什麼問題，所以請我幫她出主意。

我沒有立即答覆她，而是直接去找設計部主管瞭解情況，很快地我就弄明白問題出在哪裡了。原來，設計部主管認爲，宣傳本是好事，但市場行銷部不該未徵求他們的意見就發新聞稿，這樣只會帶來兩點反效果：

第一，市場行銷部對新品的瞭解並不到位，有些地方沒有寫好，內行人看了都覺得是笑話。他覺得這是丟了自己的臉。

第二，這個項目是設計部主管主導的任務，她本想在研發成功後親自向高層彙報，並爲此精心準備了一份報告。但主管當時正在出差，等他回來時，最先看到的竟是市場行銷部的新聞報導，結果是率先表揚的市場行銷部……。

她覺得這是在有意搶功，所以對此很有意見。

這樣的想法大大出乎市場行銷部主管的意料，尤其是第二點，她大喊冤枉，說這實在是誤會大了。因爲那天自己正好在與平時交流頻繁的某一位媒體編輯聯繫，對方詢問最近部門裡有什麼好新聞可以報導，她於是便將這項新品開發的消息，跟這位編輯說明。

這位媒體編輯覺得這是個好新聞，加上正好有版面，所以就馬上安排發表了。一件本來認爲會讓設計部高興的事情，結果反倒引起對方反感。這大大出乎她的意料。

但不管怎樣，別人對她有意見是事實。

經過反省，她不得不承認自己確實有做得不夠周全的地方—假如事先與設計部進行溝通，就能避免這樣的尷尬事情發生。

這個故事帶給我們的啓示不只是要有溝通的藝術，更說明了在公司裡，處理問題時一定要明白：一個部門就是一個系統，處理一個問題的過程，也是一個系統處理的過程。在考慮解決某一問題時，不要採取孤立、片面、機械的方式，而是當作一個有機關聯的系統來處理。

## 擅於啓動「隱系統」

很多時候，事物之間是存在很重要的系統關聯。但是許多人看不到這一點。反觀擅於動腦筋的人，則往往能將這個「隱系統」啓動，把點對點的關係變爲有系統的關係，實現自己的目標。

例如辦企業，缺少資金是經常碰到的事。

假設你創辦的企業前景大好，但突然缺少了一點資金，想從銀行那邊借不到，而從別的地方也難以籌集資金，這時候，你會怎麼辦？

如果一時之間想不出更好的辦法，那麼，希望下面的這個故事能夠給你一些啟示。

某一次，「酒店大王」康拉德．希爾頓（Konrad Hilton）在興建一座酒店時，突然出現資金短缺的情況，工程無法繼續下去。在沒有任何辦法的情況下，他突然心生一計，找到那位賣地給他的地產商人，告知自己沒錢蓋房子了。

地產商漫不經心地說：「那就停工吧，等有錢時再蓋。」

希爾頓回答：「這我知道。但假如老是蓋不下去，恐怕受損失的不只我一個，說不定你的損失會比我還大。」

地產商十分不解，希爾頓於是接著說：「你知道，自從我買下你的土地興建酒店以來，周邊的地價已上漲不少。如果我之後停工不建，你的這些土地價格就會大受影響。」

「如果有人宣傳一下，說我這房子不願往下蓋是因為地段不好，我準備另遷新址，恐怕你的土地將更不值錢了。」

「那你要怎麼辦？」

「很簡單，你將房子蓋好後再賣給我。我當然要給你錢，但不是現在給你，而是從營業後的利潤中分期返還。」雖然地產商很不情願，但仔細考慮後覺得有道理，何況他對希爾頓的經營能力是很佩服的，相信他早晚會還這筆錢，於是便答應了他的要求。

在很多人眼裡，這本來是一件完全不可能做到的事：自己買地皮建房，但是最後出錢建房的卻不是自己，而是賣地皮給自己的地產商，而且「買」的時候還不給錢，而是從未來的營業利潤中償還。

但希爾頓就是做到了。

爲何他能夠創造這種常人認爲不可思議的奇蹟？

關鍵在於他透過深度思考，認識到自己與對方並不只是一種簡單的買賣關係，更是一個系統關係—他們處在一損俱損、一榮俱榮的利益共同體系裡。他發現這一點並採取上述措施，等於讓「隱系統」動起來，讓點對點的關係變成一個面，輕鬆收到讓人主動幫助自己的效果。

## 巧妙製造「自動解決系統」

運用系統思維的最高境界是製造「自解決系統」，透過要素之間的強關聯和作用，自行解決問題。

下面請你做一個小小的思考練習：

某地由於一些工廠排放污水，河川污染嚴重。相關部門採取不少措施，例如罰款等，但還是解決不了問題。請你幫忙想一想：怎樣才能讓工廠既能繼續開工，卻又不至於污染河川呢？

著名思維學家愛德華・德・波諾對此提出的設想是：可以立一項法律——工廠的水源輸入口，必須建立在它自身污水輸出口的下游。

這看起來是個匪夷所思的想法，但確實能有效促使工廠自律：假如自己排出的是污水，輸入的也將是污水，這樣一來，工廠豈能不採取措施淨化輸出污水的舉動嗎？

而這就是「自解決系統」的妙處。

# 「以退爲進」的W型思維

遇到困難時應該百折不撓，不達目的誓不休。但解決難題的過程，並非任何時候都要一味地往前衝，即使撞了南牆也不願回頭。有時候，這時就得特別強調「退」。必要的「退」，正好是為了更好地「進」。

能進，也能退，這才是一種完整的智慧。

「W型思維」是一種「以退爲進」的方法。

能進，也能退，這才是一種完整的智慧。

在「解決問題並不難—高效解決問題的十種智慧」課程中，我曾經總結了一種「以退爲進」的邏輯—「W型思維」。

「W」的構架，具體說明了這種思維的特點。中間的那一點，可以看成歷盡艱辛之後方才抵達的新起點，或是透過努力方可實現的局部成功。但是要到最右邊的那一頂點，絕不可能平坦地位移過去，事實恰恰相反，你或許還得重新跌入低谷，方能再造上升曲線。

## ◎先把「對」的一面讓給對方

為了對W型智慧有更深刻的體會，且看參加過培訓的一個優秀學員的體會。

保險行業是一個非常有挑戰性的行業。有些客戶一聽「保險」二字，首先就會有負面想法，甚至避而不見。胡小姐是某保險公司的壽險顧問，她卻能把別人的這個負面印象去掉。

她是怎樣做到的？

有一次，一個朋友向胡小姐介紹一個中小企業的總經理，從基本情況來看，他應是一個很好的推銷對象，而胡小姐的朋友也從中牽好了線，總經理答應見她。胡小姐興沖沖地趕過去。沒想到一見面，這位總經理立即就給了她一記下馬威：「妳這麼年輕、漂亮，又有高的學歷。做什麼不好？偏偏要去賣保險？我就從未發現保險有什麼好，我從來都不買保險……。」這盆涼水一潑下來，胡小姐的心立即涼了一半。她馬上明白，原來那位總經理答應見自己，僅僅是礙於朋友的面子。而他是一個絕對不想買保險的人！

受到這樣的冷遇，理當應該打道回府嗎？

不。

她調整好自己的心情，滿臉笑容地對總經理說：「您說得太對了！說到我的心坎上去了！」

總經理一愣，心想：「明明我不想買保險才這麼說，怎麼會說得太對了呢？」

只聽胡小姐說：「您說得很對。我年輕、長相也不算難看，又有高的學歷。怎麼跑到保險這個行業了？其實我是朋友介紹才走到這個行業裡來的。現在也做了一段時間，正在矛盾自己要不要繼續做下去……。」

「既然您提到做保險不好。我還想請您幫助我總結一下：保險行業到底有什麼不好？我好以此作為是否要繼續做下去的依據。」緊接著，她就拿出筆記本來，準備開始記錄。

一見她這樣虔誠，總經理於是開始一一講述自己覺得保險業不好的地方，一共講了四條。待他講完這四條之後，他看到這麼友善的一個女孩正坐在自己面前，心裡突然覺得似乎也不該講得太過分，於是就補充了一句：「當然，保險業也不是什麼都不好，它也有好的一面。」

胡小姐等的就是這句話，她於是立即回應說道：「我知道您是學經濟的。關於保險的好處，想必您也有一番過人見解。」於是，這位總經理繼續總結保險的好處，胡小姐靈活地引導他，讓這位總經理不知不覺間越談越開心，總結保險的好處，開始越變越多了。

而當談到一定程度時，胡小姐噗哧一笑，說道：「謝謝您的總結。您看，您現在總結保險的長處有五條，短處有四條。所以您說，我應不應該繼續選擇這個行業呢？」

總經理一聽，愣了，之後又哈哈大笑說：「好吧，我本來對保險是很抵觸的，但經妳這樣一說，我決定試著投保看看。就請妳幫我做一個建議或推薦吧：我應該做一個怎樣的保險計畫？」

最後，胡小姐簽下了平生最大的一個保單。

胡小姐的經歷充分說明「W型思維」的魅力：「與客人打交道。第一要點是永遠不要與客戶發生衝突，永遠要先把『對』的一面讓給對方。」

「同樣的長處若由我來說，那就只是推銷。但若是改由推銷的對象來說，那就變成自我認識和強化。起碼比自己說要強十倍！這就是『W型思維』的魅力。」

「W型思維」強調以退爲進。必要的退，恰恰是爲了更好地進！它傳遞出一個影響他人的絕招：**永遠不要因為別人的臉色而改變你的態度，而是要以你的態度去改變別人的臉色**。

## ◎再難也要退，請另覓對策

像胡小姐的這種「退」是不容易做到的。但生活中還會遇到更嚴重的情況。有時候，我們還會遭遇那種「怎麼也無法接受」的情況。明明自己很有理，可是眼前這條路就是不通。縱使你有一千種理由爲自己辯解，可是別人就是不認帳。

這時，應該怎麼辦？

我們不妨來看看著名文學家莎士比亞的名著《威尼斯商人》（The Merchant of Venice）是怎麼說的吧：

話說一位名叫安東尼奧的人，爲了幫助朋友成婚，向高利貸者夏洛克借了一些錢。夏洛克則向他提出一個苛刻的條件：如果還不了錢，就要從他身上割一磅的肉下來。

不料安東尼奧的船出事，眞的無法按時還錢，於是夏洛克便要從他身上割下一磅肉來。安東尼奧與朋友們想盡一切辦法，想徵得夏洛克的同情與諒解，但夏洛克絕不答應……。於是，安東尼奧和朋友們絞盡腦汁想了多種方案，但無論怎樣，都不奏效。

但問題最後還是解決了，而且過程十分精彩。

鮑西亞小姐—安東尼奧曾經幫助過的那位朋友的妻子突發奇想：「為何不願接受夏洛克的這個苛刻條件，以此來反制夏洛克呢？」於是她在法庭上與夏洛克對質，同意由於安東尼奧無力還錢，所以任由夏洛克可以從他身上割下一磅的肉。但有一個附帶條件：夏洛克不能多割一點，也不能少割一點，而且不能帶一點血……。

最後，夏洛克沒有辦法處理，只好認輸。

鮑西亞小姐解決問題的方法，更是「W型思維法」的高度體現。

如果按一般思維，只能是直接影響夏洛克，盡力取得其寬容與諒解，或者想一些點子來補償。而「W型思維」是先接受他不合情理的條件，畢竟要做到這一點是最不容易的。但很有意思的是：當你接受條件後，便會發現這個條件本身就潛藏著能幫你戰勝對手的好辦法。要割一磅肉，沒問題。但是你只能割剛剛好一磅肉，而除非你是神仙，否則，誰能做到嗎？

現在，你應該能感受到「W型思維」的最大妙處了：首先接受那種「怎麼也無法接受」的情況，然後再去尋找制約對手、解決問題的方法。

## ◎退一步者，常進百步

不管是創業、經營、管理還是人生發展，「W型思維法」都是一種極爲有效的思維方法。之所以有效，其中一個原因是，它能針對人性的弱點進行挑戰。一旦挑戰成功，往往會驚喜連連，甚至絕處逢生。

談到中國電影市場，吳京導演的《戰狼》、《戰狼2》，無疑是很有影響力的電影，尤其是《戰狼2》的票房近六十億元，是票房最大的電影之一。參演的女主角也因此成爲熱門的電影演員，並帶來一系列的收益。

但是，最初吳京邀請出演女主角的演員，卻是另外一位。

沒有想到的是：她竟然因小失大，放棄了這一機會。

那是一位出道並不久的演員，吳京很看好她，想給她機會。沒有料到，她嫌片酬太低，沒有答應。後來，《戰狼》、《戰狼2》票房大好，她也後悔莫及，並在社交平台上承認，當初自己拒絕了吳京的邀請，實在不夠明智。後來，當有人向吳京再問到這位演員時，吳京直接表示：「我和她不熟。」

實際上如果從人性的角度講，覺得報酬沒有達到理想價位，拒絕合作，自也無可厚非。但從對把握機會的角度上來看，這樣做，自然就是一件很缺乏眼光和智慧的事情了。

而這，就是屈服於人性的弱點的代價。

與此形成鮮明對比的，則是另一位演員李連杰的做法。

當年，李連杰憑著主演電影《少林寺》一炮而紅，之後又陸續主演了許多電影，在華人電影圈裡可說是紅透半邊天。

後來，他依循慣例前往美國好萊塢發展。

照理說，好萊塢影視圈對這位武功好、演技好，又在華人圈有影響力的演員，理應高度重視和重用才對。但實際上，好萊塢影視圈不僅對他知之甚少，甚至歧視華人，所以有好長一段時間，根本沒有哪家電影公司願意用他。

終於有一天，一家影視公司考慮讓他出演某部電影中的一個角色，但條件是片酬很低，只有一百萬美元，而且是飾演一個反派角色。

李連杰當下猶豫不決，表示自己要經過慎重考慮才能答覆對方。但等他答應出演時，對方卻又改口，表示要將片酬降至七十五萬美元……。這個條件讓李連杰難以接受，畢竟身為亞洲影視圈最受歡迎的「功夫皇帝」，他在華人影視圈中出演的電影報酬，部部都遠遠高於這個數字。

但即便如此，他還是不想放過這個讓好萊塢影視圈認識自己的機會，再三考慮後，他終於決定參演。

豈料萬萬沒想到的是，對方竟然再次「落井下石」，表示：「片酬改為五十萬美元，不演拉倒。」五十萬美元，當中還包括隨團律師、經紀人、宣傳公司等各項費用，若再扣完稅金，片酬幾乎所剩無幾。李連杰幾度想放棄，但最終說服自己，痛快地答應對方：「我演……」就這樣，李連杰拍了他的第一部好萊塢影片《致命武器4》，雖然片中巨星雲集，但在影片首映當晚，李連杰就獲得觀眾的高度評價，成為演員排行榜中的亞軍。

實力就是最好的通行證。

很快地，電影公司的老闆親自上門，畢恭畢敬地向他說道：「公司的下一部片子想請您飾演男主角，如何？」

他的待遇開始一步登天。

當他演到第四部好萊塢影片時，片酬頓時拉高到一千七百萬美元。李連杰因此成功敲開了好萊塢影視圈的大門。

布袋和尚有一首著名的禪詩：「手把青秧插滿田，低頭便見水中天；六根清淨方為道，退步原來是向前。」

「退步原來是向前」，這是一句充滿哲理的話！優秀的人，往往有著超乎常人的思維，也往往會向人性的弱點進行挑戰。他們不會意氣用事，而是會以志氣來做事。他們固然會算帳，但這份帳本，往往是對機會的掌握，遠遠超過對於金錢本身的重視。而體現在思維上，他們也是擁有W型思維的人。因爲他們懂得以退爲進的價值。

退一步者，常進百步！

## 以建設性思維，解決兩難問題

當兩條路擺在你面前時，請學會選擇第三條。「非此即彼」未必是最好的選擇，對第三條道路的選擇，可能才是最好的選擇；讓自己從「非此即彼」的思考模式中跳脱出來，改為追求「兩全其美」。

超越「侵取」與「屈從」，重視「雙贏」。

在你的工作和生活中，是否曾經遭遇過下面這種狀況？擺在你面前的只有兩條路：要嘛這樣做，要嘛那樣做。但是不管你選擇哪一條路，未來都會有不好的後果和影響。

這實際上就是出現了「兩難」的局面。

兩難問題是所有問題中受限幅度最大、難度最高的狀態。因為無論選擇哪一種，往往都有利弊，你將會處於某種進退維谷的困境裡。

這該怎麼辦呢？

這時候，你就應該開始使用建設性思維了。

## ○放棄「非此即彼」，學會「亦此亦彼」

猶太人有一句名言：「當兩條路擺在你面前時，學會選擇第三條。」

「非此即彼」的選擇，未必是最好的選擇。對第三條道路的選擇，可能是最好的選擇。我們來看知名歌手周杰倫在剛面試工作時，是如何處理兩難問題的。

話說那時他在飯店打工。每天坐在鋼琴前面彈奏樂曲。

經常有客人要求點歌。

某一次，餐廳裡有位客人過生日，希望周杰倫彈奏一曲輕快的音樂。可偏偏另一位老闆酒喝多了，甩著鈔票，表示非要聽搖滾樂不可……。為此，兩個人都在周杰倫面前放錢，爭著要他演奏自己喜歡的曲目。雙方誰也不肯讓步，只差大打出手了。

就在這時，周杰倫靈機一動，說道：「你們都是這裡的常客，這些錢我不能要。現在，請容許我演奏一首樂曲，讓你們來猜，看誰猜對了，誰就跟著我的伴奏唱歌。」兩位客人聽完後覺得這是一個不錯的主意，於是都欣然同意了。

就這樣，周杰倫先是彈了一首輕音樂，讓過生日的客人猜中，之後又彈了一首怪異的交響樂，讓喝醉酒的客人猜中。幾首曲子彈下來，雙方都十分滿意，不但沒有打架，反而相互對唱起來……。

這樣一來，餐廳氣氛順勢緩和許多。餐廳老闆十分高興，當即給周杰倫漲薪水。而周杰倫當時遭遇的處境就是「非此即彼」的處境：要嘛聽這位客人的，要嘛聽那位客人的。答應了這位客人，便惹那位客人不高興。答應了那位客人，又害這位客人不高興。但周杰倫卻以創造性的方式，讓兩位客人都高興。這不就把「非此即彼」，變爲「亦此亦彼」了嗎？

也就是說，要跳出「非此即彼」的機械思維，尋找新的思路。周杰倫正是找出理想的「第三條道路」，讓兩難問題迎刃而解。這種「亦此亦彼」的做法，效果當然更理想，更值得學習。

## ◎超越「侵取」與「屈從」，重視「雙贏」

遇到問題時，人們通常有三種態度：侵取、屈從、雙贏。

第一，侵取。侵取是一種主動對別人的攻擊和侵略，給對方予以過分的攻擊，超越了他應該承受的程度。

第二，屈從。屈從是對不合理的一種屈就。這樣的方式，實際上是在逃避現實、犧牲自己的基本權益。其結局是，一方面因自我抑制，導致不健康的心理與負面情感的產生；另一方面，又給別人提供了利用自己和要脅自己的機會。

第三，雙贏。雙贏則是超越兩者之上的狀態。一方面，要維護自己正當的權利與情感；另一方面，又盡可能不傷害對方的情感和正當權益，甚至還能想出「第三條道路」，讓對方都很滿意，收到「雙贏」的效果。

這個雙贏法則十分重要，就是要時時考慮雙方利益以及雙方的情感。比如說：如何向主管提出升職加薪的要求。

這是一個很重要又很敏感的問題。

有時候，你不提，主管真的不會主動給。但如果你直接硬幹，卻又怕引起主管反感。

怎麼辦？

有個方法可供大家參考。佐佐木圭一寫了一本書叫《所謂情商高，就是會說話》，其中一個方法叫作「讓 No 更好變成 Yes 的三個步驟」。這三步怎麼做？

第一步，不直接說出自己的想法。

第二步，揣摩對方的心理。

第三步，考慮符合對方利益的措施。

藉著這個方法，我們也可以向主管提出一個比較好的升職加薪的要求。

不要直接說出自己的意圖，但可以這樣做：「您是如何定義優秀員工（或優秀管理者）的？」

「您晉升別人時，通常會考慮哪些標準？」

這叫投石問路，讓主管瞭解你的需求卻又不唐突，或者可這麼說：「總經理您好！我很熱愛我們這家公司，很想透過自己的努力，成為公司最需要的人，也求得自己的進步。為此，我在這些方面很努力（列出具體自己做了哪些有價值的事）。」

「現在我想徵求一下您的意見，看我是否符合或達到您的要求，有沒有升職加薪的可能？」

爲了避免主管對你心生誤會或產生負面觀感，在講完上述話語後，也可追加這麼幾句話：「其實我也沒有別的意思。如果真達不到您的標準，也請您告訴我，我到底哪方面做得不夠好、需要改進？我願意好好地改進，日後再爭取符合您的要求，好不好？」

如果這麼去表達，一方面很自然地提出自己的要求，另一方面也讓主管認爲你並非逼他一定要幫你升職加薪。這樣說，是不是更顯得更理性也更符合情商？

有一個很好的做法叫作「以雙贏的目的跟老闆談判？」，就是在同時表達自己意願和意志時，一定要學會站在老闆的立場來看，以老闆更容易接受的方式去表達。如果你能超越「侵取」與「屈從」，以「雙贏」的方式去處理問題，那麼，不管是面對主管、同事、合作對象甚至是你的家人，肯定都能收到更好的效果。

## ◎既要不傷面子，又要把事情完成

一個具備建設性思維的人，一定是深諳圓融藝術的人。圓融絕對不是耍滑頭，兩者間最根本的區別是：圓融是將靈活地將原則統一起來。而圓滑是沒有原則，是爲了達到目的而不擇手段的作法。

在職場中，我們常常會碰到讓自己或他人進退兩難的事情：直接說，會傷了別人的面子，帶來負面影響；若不說，面子倒是保住了，但工作卻無法完成，甚至還會造成不小的損失。

面對這樣的難題，怎樣做才能得兩全其美？

這時候就要懂得圓融的藝術，既不傷面子，又把事情做好。

我們來看一個在中國二十世紀七〇年代廣爲流傳的故事吧：

某次，某外賓團訪問中國，回國的前夕，我國政府爲他們舉辦了一場盛大的宴會。宴會上，主人爲了表示友好情誼，拿出了國內非常珍貴的九龍杯盛酒。而有個外賓非常喜歡這個杯子，於是在散席的時候，趁人不注意時偷偷地將九龍杯用手帕包好，藏進自己的手提包裡。

但外賓的這個舉動剛好被一位女服務生發現，她立即向主管報告。

似乎一切都沒有發生。宴會結束後，迎賓的車子魚貫地來到大門口，準備按原計劃送他們到劇院去觀看雜技表演。而節目也非常精彩，進行到最後一個項目，魔術師登場了。

只見他手中拿著三隻九龍杯，進行表演。

大家都被他表演的魔術吸引住了目光。

後來，魔術師做了一個動作。

奇怪，三隻杯子都不見了。

這時，魔術師走到一位觀衆面前，說道：「請您摸摸口袋。」觀衆從自己的衣袋中找到了一隻九龍杯，現場爆出熱烈的掌聲……。

緊接著，第二隻杯子在另外一位觀衆身上找到了。到最後，只剩最後一隻杯子，魔術師走到那位外賓面前，說道：「還有一隻杯子在您的手提包裡。」

衆目睽睽之下，外賓只好悻悻然地拿出九龍杯……。

不知底細的觀衆一齊鼓掌叫好，那位外賓也只好裝傻地豎起大拇指，齊聲說讚。

這又是一個擅於「選擇第三條道路」的故事。

拿走九龍杯的外賓，因爲身份特殊，這個本來很簡單的問題頓時變複雜。一方面，我們不能直接向外賓索要九龍杯，否則只會傷了彼此之間的和氣。另一方面，九龍杯是國寶，是一定要拿回來的。

在無法直接解決問題的情況下，館方只好採取用表演魔術的方式，讓外賓不得不拿出眞的九龍杯。這樣一來，既保住外賓的面子，也順利地取回九龍杯。

## ◎活用「分合」思維法

「分合思維」就是處理問題時，有分有合。在某些原則問題上絕不妥協，這是分。但同時，在具體操作中體現靈活性，這就是合。

宋太祖趙匡胤，原來是周世宗柴榮的大將。有一次，他想喝酒，於是請掌管茶酒的官員曹彬給自己送上一些。但曹彬竟然拒絕，表示：「很抱歉，這是官酒，不能相贈。」但隨後又自己花錢買了一些酒送給趙匡胤喝。

趙匡胤即位後，曾對臣子們說：「世宗的下屬從不欺瞞主人的，我認識的只曹彬一人。」於是將曹彬視爲心腹並委以重任。

公家的酒不能私給，這是分；但從情感上來講，別人有求於自己，也是聯絡情感的機會。於是，曹彬自己掏錢買酒給他喝，這是合。這就是體現了建設性思維的「最大效益」原則。

# 四兩撥千斤，高手使巧勁

在解決問題時別用「蠻力」，而是要用「巧勁」；用巧勁就會事半功倍，就會達到四兩撥千斤的效果。

請試著將複雜的問題變簡單，而非將簡單的問題弄複雜；而最有效的方法，往往是最簡單的方法。

具備影響力的人，通常懂得以最合適的付出，創造最大的影響力。

有一次，我應雲南省職業經理人培訓中心的邀請去開辦講座。在此期間，我參觀了昆明市有名的圓融寺，並在那裡看到一副對聯：「會道的，一縷藕絲牽大象；盲修者，千鈞鐵棒打蒼蠅。」我看完後不由自主地稱讚不已，這其實就是一種「四兩撥千斤」的智慧。

「四兩撥千斤」是中國兵法中最經典的智慧，簡單說就是投入最少的成本，獲得最大的回報，這點也可以應用到生活的方方面面。

## 要事半功倍，不要事倍功半

我們經常在職場中看到這樣兩種人：其中一種人，做事勤勉誠懇，每件事都是付出百分之百的努力，但收效甚微。

這是事倍功半的人。

另一種人，不管是多麼困難的事情，一旦交到他手裡，總是能夠舉重若輕，花費時間不多，精力耗損也小，但完成的工作無論是效率還是質量，都是一流的。

這就是事半功倍的人。

毫無懸念，我們應該努力當第二種人。

「四兩」到底如何才能撥動「千斤」呢？如何學會事半功倍，美國著名企業家里度．安東尼．艾科卡（Lido Anthony Iacocca）[1]的學習思維的體驗，也許也能給我們啓示。艾科卡坦承自己之所以會有那麼大的發展，其實與他的父親有很大關係。

他的父親曾在鎮上開設一家電影院，生意一直不錯。因爲他總會不斷推出「優惠」手段來吸引觀衆，其中一條就是每天提供幾張免費門票給退休的教師、軍人。但有一天，該給優惠門票的人都已經送過了，而門票還剩下幾張，應該怎麼辦？

他坐在門口愁眉苦臉地想著，一抬頭正好看到幾個孩子在門口玩耍，於是心生一計：「讓幾個臉上最髒的孩子免費看電影」結果，這個故事立即傳遍了小鎮。這種人性化的服務，幽默的做法，幫助他迎來了更多人光顧電影院看電影。

看看，這樣的方式，是不是更巧妙？是不是既不費勁又可獲得更大成效？

## ◎學會「點穴」：抓住最能打動人心之處

人的心靈是十分奇妙的，如果抓住了最能觸動它的地方，其結果就會有如原子彈爆炸，產生驚人效果。孫中山為了推翻滿清，建立民主政府，終生到處奔走。他在海外華僑中奔波，剛開始時影響力較小。但是他依舊緊緊扣住華僑的愛國心做文章。

他曾給很多華僑們講過這樣一件事：

在南洋某國，華人地位很低，晚上宵禁後，街上如果發現華人蹤影，就會被抓起來，但如果是其他國家的人，往往都沒事。於是，到了宵禁時間，華人要嘛不能出門，要嘛只能找一個具有其他國籍的人陪自己一起外出。

即使是一個很有財富和名望的華人，有時為了能安全地在宵禁之後趕路，也得請一個地位遠不如自己的人和他一起走。

這說明了什麼？

是由於我們的國家、我們的民族不強大，所以才有這樣的奇事！

那麼，我們該怎麼辦？建議大家投身民主事業、建設新中華！

聽到這樣的事情，哪個海外華人能夠不受到震撼！

後來，海外各界華僑越來越支持他所發動的革命事業。當中有位知名人士也講過這樣一句話：「一個現代人如果缺乏影響力，哪怕他再有本事，其能力也要被糟蹋和浪費一大半。」而影響力的核心，就是「攻心之道」。

## 努力不夠，「借力」才行

上面陳述的這個觀點特別好。我們可以向主管、老師、親友以及具備影響力的人、社會熱點事件等借力。更有意思的是，出現過的問題也可借用，甚至還能「借」出非同尋小可的效果來。

我曾爲「中國鞋王」奧康集團做培訓，並與其創始人王振滔深入交流，之後合作寫作《商海王道》一書。書中記錄了一次奧康集團十分精彩的「借力」經歷：

曾有一段時間，溫州的假冒鞋行銷全國，人人喊打。

後來，一場圍剿「溫州鞋」的暴風驟雨席捲全國。南京、上海、湖北等地查抄的假冒僞劣溫州鞋堆積成山。爲此，有關部門在杭州武林門廣場上燃起了一把火，集中燒掉了五千多雙溫州鞋……溫州鞋頓時成爲人見人躲的「瘟鞋」。

那時，誰都覺得溫州鞋不行了。但王振滔卻逆流而上，他發誓要爲溫州皮鞋雪恥，並創辦了奧康集團的前身奧林鞋廠。他把提高品質放到第一位置來經營，產品越銷越好。後來。經過十年的發展，奧康集團被評爲「中國眞皮鞋王」，具有了一定的規模和實力。

這時，王振滔面臨兩大問題：

第一個問題：如何讓奧康集團一炮而紅？讓全國人民都認識它？

第二個問題：如何打假貨，維護奧康集團的權益？

當時，全國各地出現了很多假冒的奧康鞋。爲此，奧康集團組織了大量的人力、物力，聯合有關部門，沒收了二千多雙假冒奧康鞋。

該怎麼應對這兩個問題呢？

王振滔想出了一個絕招：將解決兩個問題放到一起來做，並讓其產生巨大的效果。

借用十多年前那件燒溫州假鞋的故事背景來策劃一場大活動：面對堆得像座小山一樣的鞋子，王振滔並未像多數企業主那樣，「無聲無息」地銷毀了事，而是冒出一個大膽的想法：

十年前，一把火燒臭了溫州鞋的名聲，那麼十年後，爲什麼不再燒一把火，重新樹立溫州鞋的形象呢？這難道不是爲溫州鞋雪恥的最好時機嗎？這樣一來，不僅能爲溫州鞋正名，還能警告那些假冒自己的廠家，未來會有更多人知道奧康這個品牌。於是，經過精心策劃和準備，同樣在杭州，奧康集團又燃起了一把火，將二千多雙仿冒的奧康鞋付之一炬……。

這把火是勝利的呼喚，更是驚天動地的宣言！

和王振滔一起親手點燃這把火的，除了溫州市的一位副市長，還有一位有關部門的科長。

十二年前武林門燃起的那把火，就是由這位科長點燃的。看著熊熊燃燒的大火，他無限感慨又非常幽默地說了一句話：「十二年前，我燒的是溫州假冒鞋，十二年後，我燒的是假冒溫州鞋，一切都在變，唯一不變的是我的職位，十二年前我是科長，十二年後我還是科長。」這第二把火也點燃了媒體的極度「熱情」，當時三百多家媒體持續採訪。

隨後的幾天，有關奧康集團燒第二把火的報導鋪天蓋地，「奧康集團點燃第二把火為溫州鞋雪恥」、「十年前燒溫州假冒鞋，十年後燒假冒溫州鞋」……一時之間，全國人民都知道了奧康這個品牌。並且，由於這一事件和此後一系列的經典策劃，王振滔榮獲了「中國十大策劃風雲人物」的稱號。

這樣的「借力」是不是很出色，是不是值得大家好好借鑒和學習呢？

當你在努力的基礎上還會借力，就能如虎添翼。

1. 義大利裔美籍企業家（1924.10.15～2019.07.02），曾於擔任克萊斯勒總裁期間，帶領公司轉虧為盈，因而獲得「美國產業界英雄」的稱號。近年來，市場上亦開始使用「艾科卡」來比喻「讓經營轉虧為盈的企業家」。

## 試著巧妙「轉換」問題

有時我們碰到問題，「直球對決」是難以解決的。但是，若改用轉換，將原本的難題，變成另一個容易解決的問題，效果可能會截然不同。

### 努力不夠，「借力」才行。

有時候，難題其實並不難，將問題轉換一下，看似困難的狀態，透過材料、關係、方式、焦點方面的轉換，讓它變身爲好解決的問題，結果就會截然不同。

問題轉換是一種曲線解決問題的方式，它的公式可以表述爲：A問題實際上就是B問題；A關係實際上就是B關係；要解決A問題，就是要解決B問題；

將問題進行轉換，主要包括：

轉換問題「主體」：將這個人的問題，轉換爲另外一個人的問題。

轉換問題「類型」：將本來爲這一類型的問題，轉換爲另一類型的問題。

轉換問題「層次」：將這一層次的問題，轉移為上一層次或下一層次的問題。
轉換問題「情境」：將A情境中無法解決的問題轉換到B情境中去。
轉換問題「物件」：如將自己的問題轉換成別人的問題。
轉換問題「焦點」：將原來關注的焦點，轉換為原來不關注的另一焦點。
轉換問題「方向」：本來是這個方向的問題，換為另一方向甚至完全相反的方向。
現在，我們重點介紹三種轉換：

## 問題「本身」的轉換

某次，一家建築設計公司為某企業設計了幾棟辦公大樓。大樓蓋好並開始使用後，該企業突然提出讓「各樓層之間的員工可以交往頻繁」的需求。原因是行進路線不科學，會耽誤時間，希望設計師能在各樓層之間，另外設計最科學、節省時間的人行步道。

而設計師們設計出了一個又一個方案，但都被一一被否定了。

就在大家一籌莫展的時候，某位設計師突然提出：「現在不正是春天嗎？我們不如在樓層之間的主要動線上種草坪。人們走得最多的路線，肯定是最便捷的路線。」這樣一來就會在草地上留下最深、最明顯的痕跡。而根據這些痕跡設計出來的路線，自然就是最科學、最省時的路線。這個方案立即被採用，設計師根據這些痕跡設計鋪設的人行道，果然很受歡迎。

這就是一個將問題主體進行轉換的典型。本來是設計師的問題，轉變成行人的問題。

## ◎問題「對象」的轉換

轉化問題對象：這就是將問題從原本的對象，轉化到另一個對象上。

上述故事，其實也包含著問題對象的變化：把本來是一個設計師「用腦」設計的問題，最後變成行人「用腳」設計的問題。我曾和很多行銷高手深入探討，他們經常談到這樣一個觀點：**行銷最重要的關鍵是學會把「！」變成「？」──不要強力推銷，而是頻繁地釐清和滿足他人需求**。這是一門大功課，也蘊藏著大智慧，其中的關鍵在於：**不是自己下決心，而是讓我們要影響的人自己下決心**。而想讓對方下決心的方法有很多，比如，我們可以讓推銷對象，變爲幫自己出主意的老師。

有一位汽車業務員，就是透過這種方法做成生意。

一對夫婦來訪，想買一輛二手車，但他們來了好幾次，看了又看，都不滿意，遲遲無法下決定。根據仔細觀察，業務員發現這對夫婦自尊心很強，而且也愛挑剔。他心想：「若按照現在這種方法推銷，肯定無法讓他們滿意的。」於是他改變推銷方式，毫不抱怨他們的挑剔，反而誇獎他們很有眼光。即使這對夫婦沒買車，他始終熱情接待並懇切地表示以後還要向他們請教。

幾天後，「請教」的機會終於來了。一位顧客到商店裡想賣掉自己的舊車，經過討價還價，最後以五萬美元的低價成交。之後，他打電話給那對夫婦，說有人向他推銷一部舊車，但他拿不太準，所以想請他們夫婦過來指教。

在他的熱情邀請下，那對夫婦很高興，很快就過來了。推銷員帶他們仔細看了這輛車，然後說：「經過幾次接觸，我越來越敬佩兩位。您們都是懂車的人。這輛車，麻煩您們看一看，到底能值多少錢？」受到這樣的認可，這對夫婦既吃驚又感動，對這輛車又摸又看，最後說：「我們認為，如果車主願意以八萬美元賣掉，您就立即買下來吧。」業務員對他們的建議再次感謝，然後提出：「假如我花這麼多錢把車買下，您想再從我這裡買走嗎？」

「很願意啊！」當妻子的立即說。不過她立即又開始猶豫說：「你先買下的話，不要加價嗎？」

「沒關係，這點您不用擔心，既然是你們看準的，就照八萬給您吧！」那對夫婦高高興興地從他手上將這輛車買走了，雙方皆大歡喜。這位推銷員確實是一個轉換問題的高手。

## ◎問題「方向」的轉換

本是這個方向的問題，轉換為另一方向甚至完全相反的方向。

我的朋友 Emily，以優異的成績畢業於哈佛商學院，後來又在全球著名的諮詢顧問公司波士頓諮詢集團（BCG）工作多年。後來，她寫了一本名為《哈佛 MBA 沒啥了不起》的書。她在這書中講了一個十分精彩的故事：

美國總統羅斯福再次參選時，競選辦公室為他製作了一本宣傳手冊，在這本冊子裡有羅斯福總統的相片和一些競選資訊。但就在要分發這些宣傳手冊的前幾天，競選辦公室突然發現了一個問題：手冊中的有一張照片的版權不屬於他們，他們無權使用。

因為該張照片的著作權為某家照相館所有。

競選辦公室十分恐慌，因爲他們已經沒有時間再重新進行印刷了。如果就這樣分發出去，那家照相館很可能會因此索要一筆數額巨大的版權費。

很多人遇到這樣的問題，可能會採取如下的處理方式：派一個代表去和照相館談判，儘快爭取到一個較低的價格。但競選辦公室選擇的卻是另一種方式。

他們通知該照相館：競選辦公室將在他們製作的宣傳手冊中放上一幅羅斯福總統的照片。貴照相館的一張照片也在備選的照片之列。由於有好幾家照相館都在候選名單中，競選辦公室決定將這次宣傳機會進行拍賣，出價最高的照相館將會得到這次機會。

如果貴館感興趣的話，可以在收到信後的兩天內將投標寄回，否則將喪失競價的權利。結果，競選辦公室在兩天內就接到了該照相館的投標和支票，競選辦公室不僅擺脫可能侵權的不利地位，還因此獲得一筆收入。

一個本來有可能會向對方付費的問題，透過這個轉換，變成對方向己方付費的問題！這樣一來，透過問題方向的轉換，不僅難解決的問題迎刃而解，

還把問題變成了機會！

## 掌握「找辦法」的訣竅，讓你越來越聰明

想變成智者或讓自己越來越聰明，有個很好的練習技巧，就是掌握「找方法的方法」。其中包括以下三點：

第一，總有更「多」的方法：不受限於某種思維，要打開更多思路。

第二，總有更「好」的方法：持續優化你的思考模式。

第三，總有「最好」的方法：評點各種思考模式，找到最佳解決方案。

方法的總結可以無窮無盡，即使總結再多也不夠。所以，我們還要掌握「找方法的方法」。那什麼是「找方法的方法」呢？下列三點，可以在一定程度上起到這個作用：

### 總有更「多」的方法

就是要突破思考慣性，找出更多的思路。

很多時候，我們之所以會對問題產生恐懼，是因為我們的思考路徑沒有打開，總覺得要解決問題，只能朝一個方向去努力。實際上，解決問題的方法往往不止一種。

這種方式不行，還有另外的方式，總會有更多的辦法。

我還在《中國青年報》工作時，一位老前輩的採訪經歷，給我留下了深刻的印象。

一次，報社給這位前輩指派一個任務：採訪一位有名的將軍，並希望拿到獨家新聞。可是前輩透過各種管道和方法，都無法聯繫到那位將軍。當時時間非常緊迫，如果不能完成對將軍的採訪，那麼意味著整個報導都要放棄。

就在這時候，前輩突然得到一個消息：將軍將在下午出席一個會議，而這場會議允許一些記者參加。

抱著一線希望，前輩來到了會場，但他很快就發現，要完成這次採訪幾乎不可能。一是將軍一直坐在台上，根本沒有機會和他說話；二是據說會議結束後，將軍就會直接離開會場，不會接受記者的採訪。

看來要完成採訪是不可能的，但前輩不甘心就這麼放棄。

透過觀察，他發現一個細節，將軍不停地在喝水。這讓他靈機一動，心生一計：「既然將軍喝了很多水，那麼中途一定會上廁所，這樣我就有機會了！」於是，等到將軍一起身，前輩馬上跟了出去……。

利用在廁所短短的幾分鐘，前輩對將軍進行採訪，成功完成任務。

一個優秀的人，不會因爲問題的出現而停滯不前，而是不斷地問自己：還有沒有別的辦法？思路打開，新的方法出現，當初看來很難的問題就會迎刃而解。而爲了收到拓寬思路的效果，我經常要求學員遇到問題，起碼找尋三種方法。

爲什麼呢？

因爲，假如只有一種方法，往往沒有選擇餘地。

假如只有兩種方法，常常進退維谷。必須有三種方法，才有基本的選擇餘地。中國有句俗諺：「一生二，二生三。三生萬物。」有三種方案，基本就可以挑選。有了三種方案，思路就基本可以打開，再努力一下，或許就能產生「三生萬物」的效果。

## 總有更「好」的方法

在研究和學習思維方式時，我覺得這種方法是格外值得向大家推薦的，而我在教導兒子的過程中，也常用這種方法引導他。

一方面，讓他時刻牢記「選擇決定命運，有時選擇比努力更重要。」

另一方面，培養他多方思考的能力，習慣思考最好的結果並選擇更多更好的方法。

後來，在兒子身上竟發生一件大家意料之外的事情：他被綁架，但又用學過的思考模式及時逃脫。

某個放學時分，他在返家前繞去超市買東西，不小心被陌生人騙到小巷子裡。牧天後來驚覺路人越來越少，感到有點不對勁，正想與那個人拉開距離時，歹徒拿出一把小刀指著他的腰部，惡狠狠地說：「老實一點跟我走，不然有你好看的……！」

一個只有十幾歲的學生哪能想到會遇到這種狀況。他很害怕。但在他最慌張的時候，他想起了一直在練習的思考方式。他透過思考以下不同的方案，做出當下最好的選擇：

第一種方案，硬拚。但結果：打不過對方。第二種方案，大聲呼救。但結果：四周沒有人，效果不彰，說不定還會挨一刀。

第三種方案，跟他走下去。其結果：後果不堪設想。

還有沒有更好的方法？

一邊穩住歹徒的心緒，一邊想辦法逃脫。

結果：讓自己不容易受到傷害，最終想出方法逃脫。

接著，他怎麼做？

他一方面裝出很配合的樣子，讓歹徒拿開小刀，另一方面不停地想辦法。當走出小巷子的那一瞬間，他終於想到辦法：眼前剛好有一家麵館，裡面有不少人在吃飯，剛好有個服務生端麵從門口經過……。於是，在靠近麵館的那一瞬間，兒子突然彎腰並衝進麵館。他也沒喊救命，而是把服務生手上端的兩碗湯麵潑到地上。服務生大聲尖叫，所有人的目光刷地通通掃了過來……。

他嫌動靜不夠大，乾脆把工作檯面上的碗盤全部撥在地上。如果說前面打掉服務生端著的湯麵是不小心，那麼掀翻這些碗盤就是有意搗亂了。那既然是搗亂，麵館老闆哪能放過他？

他們立即將這個「破壞分子」抓起來。

因此，他得以逃脫歹徒的魔爪。後來，他向老闆解釋並賠償打破碗盤後造成的損失，最後更向警方報案。

遇到問題，不斷以「這樣做的結果是什麼」逼自己思考，常問自己「還有沒有更多的方法」，的確是格外有效的一種方法。這個方法無論對孩子還是大人，不管對管理階層還是上班族，都具備很好的訓練價值。

## ◎總有「最好」的方法

對於理階層還是上班族而言，能用「更好的方法」去解決問題，不僅是一種負責任的工作態度，也是鍛煉思考模式的好方法。然而，最好的境界是在優選各種方案的基礎上，找到「最好的辦法」。

得到CEO脫不花所著《溝通的方法》，不僅是一本有關提高溝通技巧的書，也是一本能夠透過不斷優化解決問題方案、幫助大家提高思維水準的書。這本書有一個很鮮明的特點：針對一個問題，常常提供幾種不同的方法，並對各種方法的不同結果進行分析，從而幫助我們打開思路，最後能選擇最好的方法。如何與上級進行有效的溝通，無疑是讓職場人士深感重要又常覺太難的問題之一。且看《溝通的方法》一書中所展示的兩個典型場景，以及脫不花對有關方式的分析：

場景一：如何當眾回答棘手問題？

部門開月會，主管在會議上強調，爲了突擊達成有關重要工作目標，這段時期內幹部在雙休日要來加班。偏偏這個週末，女朋友的媽媽要來看你們，你必須去接機，爲此你面露難色。主管看出異狀，問你是否有難處？你該怎麼回應？

擺在面前有幾種方式：

第一種方式是直言相告：「我未來的丈母娘要來，我得去接機，所以周末無法加班。」這種方式可能惹怒長官，因爲會讓他覺得，你把個人利益放到公司利益之上。

第二種方式是委婉表示：「老闆，實在不好意思，我周末已另有安排。我馬上就要結婚了，週末丈母娘要過來，我得去接機。請讓我請個假，您看行嗎？」這種方式雖然柔和，但主管可能也不高興，因爲他要給團隊打氣，希望得到大家的積極回應，你卻當衆表示不合作，打亂他的工作部署。

第三種方式是若無其事地說：「小事，不耽誤大家，會後我跟您說。」在會後，你趕緊向主管如實告知情況並向他請假，誠懇地表態說：「後面的加班，我都沒問題」一般情況下，主管都會通情達理，批準你的請假要求。

面對同樣的問題，爲什麼前兩種方式不好，第三種方式反而更理想呢？原因是，這裡使用的是「換場合大法」。在公開場合，主管即代表公司，要維護規章制度的嚴肅性。如果他答應你，那就不好再去要求其他人。反觀你若改在私下溝通，他更能理解你的難處，同意你請假，也不怎麼擔心會有不好的連鎖反應。這和平時強調上級對下級要「揚善於公堂，歸過於私室」一樣，在私下，往往更能保留面子，也更容易把事情辦成。

場景二：如何約到大主管？

假設一位部門主管想邀請大老闆出席自己部門的年度會議，方法則有以下幾種：

第一種是直接表示：「老闆，不好意思打擾您，請問您週二下午有空嗎？」須知老闆往往是大忙人，這樣的問話，可能讓他產生時間被「搶走」的隱憂，所以多半會被拒絕。

第二種是委婉地暗示他：「老闆，為了慶祝我們部門提前完成年度計畫，想邀請您參加部門的年終會報並獎勵一下大家，請問您週二下午有時間嗎？」這樣問會好一些，因爲提出明確的溝通目標，理由也過得去，但主管也不一定接受。因爲這樣的會議更像是一次慶功宴，邀請主管參加無異是請他花時間爲你站台。因此他來或不來，還得再考慮考慮。

第三種是將溝通內容再升級：「老闆，我們想開一個年度會議。一方面是為了慶祝提前達標，另一方面也是為了激勵大家保持鬥志，所以想請您來幫我們做個總結。當然我知道您忙，所以我已幫您擬好講稿……大概十分鐘就可以。我們保證不會耽誤您太多時間。」改用這種方式來邀請，主管很可能就會答應了。

最後一種方法，爲什麼最有效？脫不花這樣分析：「這種溝通實際上就是請您來幫我站台，說說來年的業績目標，轉變成我們共同的目標是『明年業績翻倍』。並且，我已為此規劃好方案，清空所有障礙。你說，老闆還有什麼理由不投資這十分鐘？」

從脫不花對上述情境和有關方式的分析，我們不僅可以學到好的溝通技巧，更重要的是，透過這樣的「思路分享」能讓大家培養重要的「結果導向」，並能優中選優，找到最理想的方法。遇到事情，有人只是憑習慣的反應模式去解決問題。但有人則不滿足，會問一下「有沒有更好的辦法」，而最出色的大腦一定會在「結果導向」的引導下，不斷激發自己想出最好的方法。

我們來回顧一下，所謂「找方法的方法」其實就是三句話：「總有更多的方法」、「總有更好的方法」、「總有最好的方法」。

只要我們經常以這三種方式來訓練自己的思考，就能讓思考能力不斷進步，越來越聰明，並能更有效地解決問題。

# 我要大智慧，不要小聰明

有人自認聰明，結果往往「聰明反被聰明誤」，輕則喪失機會，重則造成無法估計的損失。因為他們所謂的「聰明」往往是打敗自己的武器！吃虧是福，巧詐不如拙誠。

解決問題固然需要聰明，但更要看的是大智慧。有些人表面看似聰明，卻反倒容易失去機會。而有人看起來很「傻」，卻偏偏擁有大智慧，得以創造難能可貴的成功。

## 掌握「得失辯證法」

前不久，我辦了一場講座。會後，大家互動熱烈。而兒童文學作家余娟更分享了一個發生在她父親（余海波）身上的故事。

那時，余爸爸和一群同事一起出國。

飛機剛在機場降落時，一位同事有急事想跟家人聯繫，發現自己的手機沒電，所以想向一位同事借手機一用。豈料，同事卻不肯借用，理由是：「自己手機的電量也不夠，等一下到飯店就可以充電了。」其實也難怪，因爲當時國際漫遊費用昂貴，他怕因此浪費了電話費。這時，余海波主動上前。把手機塞到那個想借手機的同事手中，說：「用我的吧，看得出來你有急事，我的手機電量夠用，手機費率也合理，你講多久都沒有關係！」那位同事借余海波的手機打了電話。之後，他們也成了好朋友。

更沒有料到的是：這一幕，看在領隊的主管眼中，他看出余海波是一個敢負責、肯爲別人付出的人。於是在整趟參訪行程中，他安排余海波擔任專案負責人，由他處理許多事務。就這樣，余海波在國外獲得不少好機會。

這個故事引發大家對「小聰明」與「大智慧」的進一步討論：有一些人擺在生活中的確是聰明的，但這聰明往往體現在總爲自己打算，並把帳目算得很一清二楚。

但實際上，這往往只是小聰明。

與此相反，也有人看似傻氣，總做一些看起來是吃虧的事。但這份吃虧，往往才是贏得人心與機會的好處。畢竟任誰都希望能以最小的投入獲得最大回報。但有付出才有回報，有捨才能有得，凡事斤斤計較的人，絕對不可能獲得更大的發展。

## ◎不要「聰明反被聰明誤」

有些人自認聰明，結果往往「聰明反被聰明誤」，輕則喪失機會，重則造成無法估量的損失。有一個很優秀的年輕人去微軟應徵工作，有幸與時任微軟副總裁的李開復見面，他對李開復說：「我到這裡來應徵工作，甚至還給您帶了一個見面禮。」

「哦？是什麼好東西啊？」

「這是我在前公司開發的一個新軟體。」結果，就是因為這句話，李開復決定不用他。

你知道是什麼原因嗎？

這名年輕人以為，為新職務送上他在前一個公司開發的軟體來作為見面禮，李開復就會聘用他。但他卻沒有想到，別人不僅不會聘用他，反倒會對他心生防備。畢竟他今天可以為個人利益出賣前公司，日後難保他不會也帶走微軟的商業機密？這樣的人，怎麼可能被錄用？

小米的雷軍，也曾拒絕過一位當年在業界看起來十分搶手的人。

從個人經歷上來看，這位「牛人」在短短四年內，將一年九百萬美元的生意擴展到兩億美元，實力自是非同小可。而這個人自我感覺很好，大談特談自己的能力，表示自己能把稻草當成金條來賣，更爲此洋洋得意……，雷軍當下也承認他確實很了不起，但同時也拒絕聘用他。

雷軍爲什麼會拒絕他呢？

雷軍表示：「創辦小米，我不想做一個會坑人的人，我們不做欺騙人的事，我也不喜歡會把稻草當金條來賣的人。」

## ◎巧詐不如拙誠

爲什麼這兩個人都有本事，很聰明，卻分別遭到李開復和雷軍的拒絕呢？因爲，他們體現的是小聰明卻缺乏大智慧。所謂「小勝憑智，大勝靠德」、「大智知止，小智惟謀」當然，流傳更多，應用也更廣泛的是「不要聰明反被聰明誤。」

是的，我們強調多想方法，變得聰明。但我們提倡的是有智慧的聰明，而不是小聰明。眞正有智慧的人不僅在工作中會想方法、有方法，爲人處世，也懂得堅守應有的底線，提升境界，這樣不僅能避免在人生路上跌倒，還能獲得更好的機會和發展空間。

有一句話叫作「眞誠無敵」。

它說明在人與人之間的關係中，沒有什麼比眞誠更加重要。

魯宗道是宋眞宗的大臣。一次，宋眞宗有急事，派使者召見他。使者到了他家，卻發現他到外面喝酒去了，過了好一會兒才回來。使者急著先回去向皇帝覆命，於是和魯宗道商量：「皇上若怪您來遲，你要假託什麼事來回答呢？」

魯宗道說：「就實情相告吧。」

使者說：「這樣，皇上會降罪。」

魯宗道說：「飲酒是人之常情，欺君則是為臣的大罪。」使者回去後便按照魯宗道之言，如實稟報。

後來會，魯宗道來了，宋眞宗責備他：「你私入酒家，是什麼緣故呢？」

魯宗道謝罪說：「我家裡貧困，沒有酒器，而酒家具備。正好有鄉親遠道而來，我請他去吃酒。我已換上便服，應該沒人認識我的。」

魯眞宗笑著說：「你是朝臣，這樣做也不坦蕩，恐怕要被御史彈劾啊。」眞宗雖批評了他，卻從此重用他，認爲他爲人可靠，可以大用。

眞是「巧詐不如拙誠」啊！

# 讓更多的人幫助你成功

單靠一己之力成功，不容易且少見；懂得集合更多人幫助你成功，才是智慧的高度體現。

當今社會，個人能力若與團隊精神結合，必然產生不了理想的效益。不要過於突出自我，而要強化他人，弱化自己。彎一彎腰，世界就變大了。

一個人越能洞察人性，就越能贏得人心。

行善可開運。智者多助力，愚者多阻力。

我在報上讀過這樣一個故事：

某公司要招聘一個行銷總監，報名的人很多，經過層層考試，最後只剩下三個人競爭這個職位。爲了測驗誰最適合擔任這個角色，公司出了一道怪題：

請三個競爭者到果園裡摘水果。

三個競爭者一個身手敏捷，一個個子高大，還有一個個子矮小。看來前面兩個人最有可能成功，但正好相反，最後獲勝的竟然是那個矮個子的人。

這到底是為什麼？

原來，這次考試是經過精心設計的橋段。

競爭者要摘的水果都長在很高的位置上，很多都在樹梢。個子高的人，儘管一伸手就能摘到一些果子，但畢竟身高也有限。身手敏捷的人，儘管可以爬到樹上去，但樹梢的一部分果子，他就搆不著了。而個子矮小的人一看到這種情形，二話不說就往門口跑。守門的是個老人，也是果園的管理員。

這位矮個子的應聘者意識到這次招聘非同尋常，也許個個是考官，也許處處是考場，所以在剛進門時，他就很熱情地和老頭打聲招呼。他很謙虛地請教老人家平時是怎樣摘這些樹梢上的水果的。老人家回答說是用梯子。於是，他向老人家提出借梯子，對方也十分爽快地答應。有了梯子，摘起水果來自然不在話下，結果，他自然是摘得比誰都多。

因此，他贏得最後的勝利，獲得總監的職位。

從這個故事中，你是否看出主考官在考什麼？

他考的是管理能力和團隊精神中的一項關鍵—透過對待他人的關心和支持，贏得別人幫助自己的能力！很多人之所以覺得難，是由於他只倚重自己的才華和能力，而不懂得去獲取別人的幫助。沒有一個人能夠獨自成功，贏得更多助力，讓更多的人幫助你成功，這是一種高超的社會智慧。

我們怎樣才能爭取更多人的幫助呢？

## ◎強化他人，弱化自己

大家都希望獲得他人重視和認同。

愚蠢的人只懂得強調自己的重要性，希望以此獲得他人尊敬。但這就好比公雞炫耀自己的尾巴很漂亮，卻未必能收到理想的效果。聰明的人恰恰相反，他們總是先要讓別人感覺到重要，並最終以此贏得對方的尊重。

曾有朋友分享過「如何經營好人際關係」，其中有幾點很值得借鑒：

語言中最重要的五個字是「我以你爲榮！」

語言中最重要的四個字是「您怎麼看？」

語言中最重要的三個字是「麻煩您。」

語言中最重要的二個字是「謝謝。」

語言中最重要的一個字是「你。」

那麼，語言中最次要的一個字是什麼呢？

答案是「我」。

有一句話說得好：「你只需彎一彎腰，世界就變大了。」學會弱化自己，強化別人，不須多久你將發現，喜歡你和願意幫助你的人，就會越來越多。

## ◎理解萬歲？先理解別人的「不理解」！

人們常說「理解萬歲」，這是希望他人同情我們的呼喚。但是當別人尚未理解你時，又該怎麼辦？

給大家提供一個很有效果的做法──「理解萬歲」是要先理解別人的「不理解」，也就是說，「理解萬歲」要從我自己做起。

我曾收到一個名叫陳丹的女學員來信，她在信中表示，我提出的「理解萬歲？先理解別人的不理解！」觀點對她幫助甚大。她曾參加過我主講的一場名爲「建設性思維與主管智慧」的講座，我當時闡述了這個觀點，她不僅將它用在工作上，甚至挽救了一度關係緊張甚至差點破裂的婚姻。

她與先生本是大學班對，感情一直很好，而她在先生鼓勵下持續工作，甚至當上部門主管。可就在她擔任主管職之後，由於責任心非常強，加上工作忙碌，與先生相聚的時間越來越少……。

慢慢地，先生覺得自己受到冷落，開始心生不滿，甚至懷疑她與其他男同事有什麼感情上的牽扯。彼此間產生矛盾並且開始互相指責，先生指責她變心，而她則回敬先生是個僞君子。

在聽過並接受我的觀點後，她開始反省，是不是自己確實有做得不夠好的地方？之前，她責怪先生不理解自己。現在，她開始試著站在先生的角度來思考。透過反省，她能理解另一半爲什麼會誤會她。於是，她開始想辦法多騰出時間陪伴先生，交流情感。另一半開始感覺自己依舊一如以往地愛自己，所以也慢慢改變態度，願意像過去一樣支持她的工作。

她感慨地說：「不要埋怨自己得不到另一半支持。其實也許只要願為先生做一頓飯，多說一聲我愛你，那種關心和支持說不定就會立刻出現在你眼前。」的確，在與人的交往中，不僅要讓他人理解自己，自己也要理解他人。不只是單純理解，更要理解別人爲何不理解，然後去爭取別人的支持與體諒。你可以這麼做：

第一，承認別人不理解自己的現實。

第二，尊重他人的不理解，因爲即使受到誤解也有其合理性。

第三，盡可能瞭解別人爲什麼不理解自己？

第四，採取讓別人容易理解的方式，取得他人體諒。

## ◎越能洞察人性，越能贏得人心

人性是複雜的，但人性也是可辯證的。稻盛和夫就曾明確說過：「世上沒有比人心更善變的東西。但如果經營得當，世上也沒有比人心更堅固的東西。」這裡所說的是「人心」的表現，同時也是對辯證「人性」的說明。

人人都期望得到認可和幫助，如果你能理解這一點，並自動給予他人認可和幫助，就能結交更多朋友。假如你能雪中送炭，在別人缺少認可和說明的情況下給予認可和幫助，你也能獲得更多幫助。

青年創業家高燃，是最早進軍短視頻的青年企業家之一，他創立 MySee 直播網時才不過二十多歲，但便已身價過億。後來，他又成爲鼎力資本、風雲資本的創始團隊，成爲投資界的新秀。而他開始創業的故事，卻格外引人啓發。

高燃在大學畢業後，進了一家報社擔任財經記者。但他覺得這與他的夢想相差太遠。幾經思索後，他決心創業。

經過幾個月的準備，他擬定了第一份創業計畫書，然後開始找尋天使投資人。幾經周折後，終於找到機會，將計畫書親手交給雅虎創始人楊致遠先生，可是，幾個月過去了，卻始終沒有任何回覆……。之後，他參加了一次科博會，記者們都爭著採訪那些海歸族，唯獨一位名氣不大的民營企業家被冷落在一旁。

看著那位企業家一副尷尬模樣，他覺得應該給予更多關注。於是，高燃向那個企業家接連提出好幾個問題，替他解圍，讓他感到自己同樣受到尊重。

散會後，企業家主動找他聊天。

他向企業家談起自己的創業夢想，並將自己隨身攜帶的計畫書拿給他看。

企業家覺得創意不錯，隨口說了這樣一句話：「就衝著你這個人，我投資你投一千萬！」但一千萬畢竟不是小數目，董事會討論後覺得風險太大，不願意投資。於是，這位企業家決定改個人名義投資一百萬元。而這第一筆風險投資，終於爲他的夢想插上了翅膀。

從人性的角度來看，不管是誰都希望獲得他人尊重。對此，著名社會心理學家埃略特・阿倫森（Elliot Aronson）[1]有這麼一句名言：「要獲得別人的喜歡與支持，莫過於去滿足別人的滿足感。而人們最大的滿足感，莫過於得到他人尊重。」高燃向被冷落的企業家提問，無異就是給予對方衆人期待的尊重，而既然滿足了別人的滿足感，當然就迎來了自己生命中的貴人。

滿足別人的受尊重感，別人可能會給你帶來加倍的尊重和幫助。

## 行善可開運

好運氣對成功具有重要的作用，但如何才能獲得好運氣呢？當然，我們不排除那種天上掉餡餅的運氣是存在的，但如果只知坐等天上掉餡餅，那也未免也太被動了？身爲想要有所作爲的人，我們如何透過主動的行爲，創造好運氣？

多年來，我格外信奉兩句話並以此去改進自己的價值觀與行事作風。一是「運隨心轉」，即是讓心往不同方向努力，就能獲得不同的運氣（好運或壞運）。如果向積極的方向努力，就容易獲得好的運氣。二是「行善可開運」，行善就是做好事。也就是說，做好事能創造好運氣。做好事能昇華我們的人生境界，創造更好的人生價值。

與此同時，你還需知道：**主動做好事，還能創造更好的運氣和機會**。雖然我們並非為刻意創造好運氣而去行善。但如果你持續行善，的確能帶來好運氣。當然，假設你一時陷入困境與危機，一時之間無法突破，那麼你也不妨去多做一點好事，說不定也能時來運轉。

總之，不妨透過實踐，一次又一次地感受「行善可開運」所帶來的力量。

1. 美國社會心理學家（1932～）主要研究認知失調、人際吸引等領域。1999年獲美國心理學會頒發的傑出科學貢獻獎，是首位在研究、教學和寫作三方面均獲得美國心理學會最高榮譽的心理學家。

Chapter 4

# 把問題變成「機會」

## 「沒有問題」才是大問題

不要一心只想著「沒有問題」。

因為，最大的問題可能剛好是「沒有問題」。畢竟「人人都希望真理是站在自己這邊，但就是不願自己挪到真理那邊去……。」

須明白「最危險的一刻，往往就是成功的的那一瞬間。」困難與問題或許帶給我們很多煩惱和痛苦，但反過來說，其實也富含某種非常積極的意義。

「方法總比問題多」是一種蔑視困難並勇於接受挑戰、解決問題的精神，同時也是一種透過找對方法來解決問題的態度。不僅如此，透過上述各章節的分析和探究，我們不僅能從心理上戰勝困難，也能從裝找到各種方法來克服困難和解決問題。

那麼，是不是可以這麼說，困難和問題僅僅只是我們蔑視和必須克服的對象呢？

當然不是。

這一切都是必須經過論證才能確定的。困難與問題固然帶給我們很多煩惱和痛苦，但遭遇困難和問題，卻又對我們的成長、發展、創新能力等都有積極意義。所以，我們不僅要擅長解決困難與問題，更應將困難與問題轉化爲爲機會。這一點，正好就是最有價值的體悟之一。

讓我們就從最簡單的辯證關係開始—不要一心只想著「沒有問題」，最大的問題或許剛好就是「沒有問題」。

## ◎不想被新時代拋棄，請學習「第二曲線」

看不到問題甚至不願面對問題的人，往往在危機來臨時，這才會驚覺自己反應太慢。不提前預防問題，問題不見德就不會來；不面對問題，那問題也不一定就不存在。甚至是問題不解決，他也不一定會自動解決，而且任由其發展，很可能還會讓情況惡化，變成危機。所以，我們最要警惕自己，時代正在持續變化，隨時都可能會給每個人帶來想像不到的困境與危機。

不要認爲上述觀點是危言聳聽。不知你是否注意到：打敗你的不一定是心目中的對手，有可能只是一個路人。在這個快速變化甚至是時興跨界「打劫」的時代，你我或許將越來越難想像：如何界定自己的競爭對手？甚至鎖很難預測又是哪個新興行業打敗某個傳統行業？

這些年，有多少知名企業破產倒閉，又有多少曾在業界風光無限的人，黯然謝幕……。而知名企業相繼裁員等問題，更是讓許多原本收入頗豐、自我感覺良好的年輕世代也開始感到生存的危機。因此，接下來應該怎麼辦？

我建議你不妨先問問自己以下三句話：

**你有被淘汰的危機感嗎？**

**你會重視「我打敗你，與你無關」嗎？**

**面對危機，你能果斷轉軌嗎？**

假如你有危機意識，不想被時代淘汰，那就要學會走出舒適圈，戰勝「路徑依賴」（Path Dependence），勇敢轉軌或提升。而其中最重要的一點，就是要勇於挑戰「路徑依賴」。

所謂「路徑依賴」是指，人們一旦做出某種選擇，這就好比踏上了一條不歸路，慣性所帶來的力量會讓這個選擇不斷強化，讓人輕易走不出去。而爲了獲得新思維與好機會，我們要勇於向這樣的依賴挑戰。我們可從當代企業家汪建國逆風翻盤的故事中，看到這種做法。

汪建國是誰？恐怕許多人並還不知道他的名字。但在中國家電連鎖業界，他也曾是呼風喚雨的知名人物。汪建國所創辦的五星電器是曾與蘇甯、國美並駕齊驅的品牌，這三家公司均曾位居中國家電連鎖業的前三名。但後來在謀劃上市的過程中，五星電器遭遇失敗，而蘇寧、國美則紛紛成功上市。

蘇甯的創始人張近東、國美的創始人黃光裕都因此成爲大名鼎鼎的企業家，而汪建國卻漸漸變得無人知曉。直到2021年冬天，汪建國開始又成爲多家媒體爭相報導的創業英雄：他所創辦的五星控股集團，成功孵化出多家優秀企業：其中母嬰用品中的龍頭品牌「孩子王」，在深交所創業板成功上市，市值達近二百億元。

農村電商第一股「匯通達」正式登陸，在港交所上市，市值爲二百多億港元。不僅如此，五星控股旗下的好享家、橙易達、阿格拉也都是未來上市的種子選手，如今身價二百億的汪建國也因此被譽爲「獨角獸之父」。

汪建國爲什麼能做到「逆風翻盤」的王者呢？

當初在與蘇甯、國美的競爭中落敗後，他還在想辦法極力參與競爭，但在五星銷售額破百億時，他卻看到了瓶頸。於是，他毅然選擇放棄原與蘇甯、國美競爭的戰略，開始二次創業。

其重要轉機是汪建國在新加坡國立大學就讀 EMBA 時，一位名叫呂鴻德的教授畫了一張圖給他，若用現在的話講，這張圖表叫做「第二曲線」（The Second Curve）。呂鴻德表示，企業自有生命週期，個人也有成長週期。當你意識到企業或個人已來到　物線頂端，再往前走就要開始下滑時，這時實際上就理該放棄，大膽尋找第二條　物線。汪建國因此深刻體悟到，商業最大的災難就是同質化競爭，而電器連鎖行業已明顯出現這個問題。

於是，他決定讓五星公司改變方向，從原來的單一業務轉型成一個創業孵化平台，並且圍繞著四個極具發展空間的方向努力：一是母嬰市場；二是農村市場；三是有錢人市場；四是老年人市場。

而最終，他成功取得驚人的效果。

從方法學的角度來講，這就是我們在前文分享過的運用「橫向思維」、落實「換個地方打井」的論述。「第二曲線」理論其實是由愛爾蘭著名管理學家查爾斯·漢迪（Charles Handy）提出。他把從轉折處開始的增長線稱爲「第二曲線」。任何一條增長

曲線都會滑過　物線的頂點（增長的極限），持續增長的秘密就是在第一條曲線消失前，開始一條新的S曲線。

他進一步指出一個格外值得警惕的問題：要讓「第二曲線」增長並非易事，缺乏時間、資源和動力等因素，都難以讓新曲線度過它起初探索掙扎的過程。

企業主事者多半缺乏這份遠見和勇氣，願意在高歌猛進時偏離已有的成功路徑，投入資源來培植短期內沒有收益的業務，這其實就是可怕的「路徑依賴」，具有抵抗變革的巨大慣性。所以只有在心理上徹底戰勝「路徑依賴」，才能眞正實現「第二曲線」。這種思維邏輯不管是對處於高速發展的企業，還是深陷瓶頸狀態的個人，都有很好的一種借鏡。

別讓「路徑依賴」限制你的視野，要經常打開思路，想想「還有沒有更好的第二曲線？」

## ●最危險的那一刻，往往就是成功的一瞬間

很多危機往往是因爲在取得成功之際，當事人自以爲「沒有問題」所造成。過度自

信，漠視問題，通常就得爲此付出極大代價。

每一個大失敗前面，總會有一個幾乎同樣大小的成功存在。

無數事實證明，**成功易讓人失去理智，進而產生巨大危機**。

三國時期的關羽，水淹曹操七軍，嚇得曹操大軍們準備遷都，但這時候，由於關羽盲目自大，結果反中了東吳呂蒙的計謀，導致兵敗被殺……。

明末的李自成，也是在推翻明朝統治之後，反遭關外的滿人打敗。

當下有不少故事，更是足以印證我的想法：

前幾年，有一位很有名的地產商應邀在哈佛講課時，有學生問他：「你覺得自己最大的核心競爭力是什麼？」

這位地產商沾沾自喜且得意地說：「就是有錢囉……。」然而實際上，他所謂的有錢就是拿銀行貸款而來的資金去海外收購資產。很快地，國家政策轉變，嚴厲限制企業這麼做，他於是只好趕緊將各項海外資產「變賣」，甚至極低價格拋售。

幸虧一切處理及時，公司方才免去了這個滅頂之災。

而海南航空公司就是採取這種方式，成爲擴張最迅速的公司之一，那事後證明，當然也是跌得最慘的航空企業之一。後來，海航被迫破產重整，董事長也被逮捕，人人悔不當初。此外還有某網紅主播，事業本應如入中天，但卻因逃漏稅，被政府罰款十幾億元，事業最後也被查禁，實在令人不勝唏噓。事後，他們當然都會很後悔。但爲何偏偏就在事前，自己就是看不到這個危機呢？

畢竟最好的做法，當然就是事前盡力避免。

所以，我們應該如何避免這種情況發生？

某位失敗企業家的反省過程，也許可以給我們提供極好的答案。

日本企業家和田一夫，他曾經創辦世上赫赫有名的八佰伴集團，後來由於盲目擴張導致公司破產。在反省自己如何從巨大成功走上巨大失敗之路時，他談到對自己最深的一個教訓是：「我在經營企業最困難時，通常願意透過各種努去克服困難，反觀在事業成功時卻會開始驕矜自滿，導致判斷失誤。」由此看來，事業取得最大成功時，風險往往也最大：失敗是人生最大的財富，成功也能是人生最大的危機。

有個思想家講過這麼一句話：「人人都希望真理站在自己這一邊，但就是不願自己站到真理那邊去。」許多人都因爲過於盲目自信而栽跟斗，他們總被勝利沖昏了頭，畢竟他們的腦袋在當下肯定是裝得下一句話，那就是「沒有問題！」

最危險的瞬間，往往就在成功的那一刻。

當一個人成功時，一定要懂得居安思危，對問題時時保有警覺心。股神巴菲特總是這樣要求團隊：「有好消息可以晚一點告訴我，但若有壞消息，請你們務必第一時間通知我。」

## ◎排除問題「地雷」，你得剪掉「思想上的長辮子」

一個人可以忽略問題，但被忽略的問題，卻很可能就是一個「地雷」，搞不好哪天就爆了……。爲了避免發生這種情況，優秀的人總是及時排雷，甚至預先排雷。

請看個以下這個「一頭頭髮換一份工作」的故事吧。

在我們舉辦的某個訓練營上，一位薛姓女士跟大家分享了一段自己應徵新工作的經歷：薛女士在法國留學。畢業後選擇留在法國謀職，她獲知巴黎某家精品店正在位北京開設的新公司招聘主管，於是前往應徵。

薛女士在首次面試中表現出色，加上自己是中國人，學成後返回中國發展，自然比其他競爭者更具優勢，她認爲自己得到這個職務的機會，十拿九穩。但結果萬萬沒想到：主考官並未立即錄用她。

這個結果讓她很難接受，也讓她百思不得其解。

如果是一般的應徵者，一切可能就會到此爲止，準備放棄這個機會。但薛女士是一個很「較眞」的人，她逼迫自己一定要想通：到底是什麼原因，導致我竟然未被錄取？

她將自己應徵過程中的表現，一一地在大腦中重新演練一遍，例如公司需要的美學素養、自信心、溝通能力、主管領導計技能等，他自覺各項均表現很好，但怎麼就沒有被錄取？

就在她困頓不已時，突然間，她想到了一個點：

她有一頭留了十幾年的長髮，而她總是習慣紮一條辮子……。她心想，問題該不會是出在這條辮子上吧？

其實從她自己的角度上來講，這條辮子一直是她感覺最具有個人特色、魅力的標誌之一。但若換位思考一下：自己應徵的這家公司是時尚精品企業。留著這條辮子，豈不是會讓面試官覺得自己根本毫無時尚精神、落後且守舊？

於是，她毫不猶豫地一刀剪下這條珍愛無比的長辮子。

結果，她再去複試。主考官一看到她的短髮新造型，當下微微一笑地說道：「看來妳確實有反省過。」之後，她很快地就被錄取了。

我還記得，當薛女士分享完這則故事，立即引起學員們的熱烈討論。

有人讚美薛女士擁有這種自我反省的精神。

有人則佩服薛女士在遭遇問題時，能夠逼迫自己一定要想通的魄力與能力。

還有更多人則是從中得到啓發：在工作和生活中，我們未必留著薛女士那樣的長辮，但我們或許往往有著思想等方面的「長辮子」。某些你引以爲傲的東西，恰恰可能是自己前進和發展的障礙！比起有形的「長辮子」，無形的「長辮子」往往更可怕！

實際上，從來沒有人能夠綁住你，綁住自己的就是你。

下決心剪掉各種無形的「長辮子」，你就能掌握創造突破的奇蹟，這時迎接你的必然是更廣闊的空間、更珍貴的機會。

## 「問題」是成長和發展的大好機會

當上帝要送一份特別的禮物給你時，總是會以「問題」做包裝。
對智者而言，遭遇「不」其實是一種「福音」，真正面對和承認弱點，
你才能真正成長！
不要害怕問題！
不要害怕遭受否定！
不要害怕出現想像不到的困難！
遭遇否定是為了讓我們發憤圖強，讓未來更加輝煌！

問題帶來的不只是麻煩，更重要的新的機會。

首先，對我們的成長而言，問題就是一個好機會。

## ◎當上帝要送你禮物，總會以問題做「問題」

我們有時會遇到一些不願接近的人，有時會遇到一些不願接受的事。若眞遇上了，我們往往會將它們稱爲「問題」。但這些讓人心煩、不喜歡的事情，眞的就有這麼不好嗎？

對此，我常與大家分享這個觀點：「當上帝要送一份特別的禮物給你時，總是會以『問題』做包裝。」不少人因爲這句話深受啓發，他們勇敢面對問題，接受問題，改以積極的心態去解決問題。結果，的確收到了一份很好的「禮物」。

我兒子吳牧天就是其中一位受益者。

他在美國普渡大學上過一門課程，當時他們在一個教室裡，老師規定如果你一開始跟誰坐在一起，在特定的這一段時期內就得一直和他在一起。結果，開課當天，他發現身邊的位置是空的，而且有一個帶著印度口音的外國留學生可能會走過來這邊。這時，他心裡不斷祈禱著：「千萬別讓他坐我身邊，千萬別讓他坐我身邊……。」

爲什麼呢？

原來是因爲當時他聽說，有些印度人的口音比較重，如果常跟他們在一起交流，可能會在表達能力上出現負面影響。但結果就是這麼湊巧，這個印度籍留學生果然就坐到他身邊位子上……。

兒子應該怎麼接受這個事實？

他這時突然想起「問題就是機會」這句話。於是，他不僅不再排斥這位同學，甚至經常向他請教：「這個單字，你們會怎麼發音？為什麼你們喜歡這種表達方式？」透過這樣的交流，他終於瞭解印度人講英文的特殊口音，基本上也能完全適應這種「印式」美語了。

畢業之後，沒想到這件事竟讓他深深受益。

他畢業後選擇在國內一家知名企業工作。有一天，集團要進行一個很重要的專案，須以英語來跟外方請來的專家做溝通。集團內部很多人是聽得懂英語，但糟糕的是那位專家竟是一名有著明顯口音的印度人。許多人都聽不懂他的話，就連翻譯人員也覺得困難……。

怎麼辦？

這時，吳牧天主動向主管表示：「我聽得懂印度口音，是否能讓我當翻譯來試試呢？」結果，他的翻譯工作表現優異，成功獲得主管與同事們的肯定。

你看，問題是否就是機會呢？

## 遭遇「不」，對智者而言是一種「福音」

喜歡獲得肯定和讚揚，不喜歡聽到批評，這是人的共同心理。但對於智者而言，遇上別人跟你說「不」，這往往是一種成長的契機。

原一平是日本最偉大的推銷員之一，輿論評價他的笑是「價值百萬美元的微笑」。但他剛開始當推銷員時，也曾經歷過諸多不順利。他在自傳中便曾講述過一個對自己成長很重要的關鍵：

他曾去某寺廟推銷保險，一位名叫吉田的和尚熱情接待他。看著和尚極有耐心地聽自己「遊說」，原一平心中竊喜，認爲這次推銷肯定十拿九穩。不料，當他正在最高興的時候，和尚竟蹦出這樣一句話：「人啊，最好是第一次見面就有一種讓人記住的東西，否則終其一生都不會有什麼成就。」

和尚的話有如當頭棒喝，把正在洋洋得意的原一平頓時點醒。他立即向和尚請教，而和尚給他的建議是：「請赤裸裸地注視自己，毫無保留地徹底反省，這樣才能真正認識自己。」

具體辦法是，多向別人請教，尤其是向客戶請教。雖然推銷不成，但原一平得到了最好的指點。爲此，他專門組織了一個「原一平批評會」—自己花錢邀請一批客戶，請他們定期給自己提供寶貴意見。即使窮到沒薪酬，他寧可借錢，也要持續舉辦「批評會」。而客戶提出的意見都是無價之寶，他越來越認識到自己的缺點。每次「批評會」過後，他總都會有被剝掉一層皮的感覺。但也正是透過一次又一次的「批評會」，他開始逐步剔除自己身上的劣根性。

原一平的潛能因此獲得開發。

他學會如何克服弱點，如何將缺點變成優點，學會如何處理「拒絕」，藉以取得別人更大的信賴，以及怎樣透過不卑不亢的態度，眞誠地對待客戶。他的業績開始直線上升，公司每週舉辦的業績競賽，他開始獨佔鰲頭。

「原一平批評會」一共持續六年，之後，他又花錢請市調公司調查自己在客戶心中的印象。他表示：「我這一生，充分享受到花錢買批評的甜頭。」

遭遇「不」，將會暴露自己的缺點和弱點，可以避免自己的片面，使自己更加看清眞相和自身缺陷，進而督促自持續提升。

## 真正面對和承認「弱點」，才能真正成長

話說人的最大弱點就是太愛面子，太把所謂的「自尊心」當成一回事。但眞正聰明的人，往往會看淡面子。

一旦遭遇挫折或否定，他們會正視和承認弱點，並以此改進、提升自己。大家或許並不知道，被稱爲「美國歷史上最偉大的總統」的林肯，年輕時卻是一個喜歡責備、嘲笑他人不計後果的「刺頭」[1]。

某一次，林肯寫了一篇文章到當地報紙投稿，嘲笑一位名叫詹姆士・西爾士的人。文章登出後，西爾士找上林肯表示要跟他決鬥……。而就在即將決鬥的緊要關頭，雙方的朋友上前阻止，避免了一場死拼。這次事件給了林肯極大的教訓，他雖然平時遇事沉著，但眞正面對此等生死搏鬥，卻也不禁心驚肉跳。假如事後眞有任何不測，這對胸懷大志的他來說，未免太不値得了。

經歷這次事件後，林肯的性格急劇轉變，從此不再任意嘲笑別人，也不輕易責備他人。後來，林肯被評選爲待人最眞誠、做事最厚道的領袖之一。

把任何針對自己的否定，都當作是提升自己的警醒和機會吧！勇於承認弱點，就是

挑暫自己脆弱的自尊心。而正確面對所謂的自尊，不僅是一個人成熟的表現，也是聰明的標誌。美團的創辦人王興曾在一場飯局上發表過這麼一番話，而當我一聽過就被他深深震撼了：「和聰明人在一起工作，最大的好處就是不用考慮他們的自尊。」而這句話據說是轉述蘋果創辦人賈伯斯曾說過的話，果然牛，實在太深刻了！

字節跳動的創始人張一鳴也曾說：「人啊，其實沒有那麼多自我需要去維護。」每個人都害怕看到自己的脆弱、無能與幼稚，但躲避面對就是躲避成長。不僅是個人或團隊甚至整個人類，只有眞正去面對弱點，才會帶來眞正的成長。

從古至今，人類的自信至少曾經遭受過三次巨大的「打擊」：

第一次，認爲地球—人類的家園是宇宙的中心，而這點已被哥白尼（Nicolaus Copernicus）的「地動說」（Heliocentrism）粉碎了！[2]

第二次，認爲人類是生物之神，是萬物的主宰，這點被達爾文（Charles Robert Darwin）粉碎了—人類不過是從猴子變來的，不過是地球上長長生物進化鏈上的最近一鏈[3]！

第三次，認爲人是自己心靈的主人—這已經是人對自信的最後一片領地了，但西格蒙德・佛洛伊德（Sigmund Freud）的潛意識理論，又把它徹底粉碎了—人的一切心理和行爲不僅受意識支配，更受你能清晰把握的潛意識支配[4]！

上述每種理論的產生，在當時都屬離經叛道之舉，在社會上引起軒然大波，某些擁護這種眞理的人，甚至付出生命的代價。但人類在逐步接受這些眞理後，卻又次次產生了飛躍性的進化。唯有出現天文學的革命，才能使人們眞正進入外太空。待研究進化論後，人們才有可能研究人類的基因是什麼？再像是利用潛意識理論來治療精神疾病，人類才有可能更妥善地培養人格健康的下一代。

不要害怕問題！

不要害怕受到否定！

不要害怕遭遇想像不到的困難！

因爲，遭遇問題和困難，恰好正是成長的契機。

1. 指遇事愛刁難，不好對付的人。

2. 文藝復興時期的波蘭數學家、天文學家（1473.02.19～1543.05.24），其所提出的「地動說」是有關於天體運動的和天動說相對立的學說，認為太陽是宇宙的中心，而非地球。

3. 英國博物學家、地質學家和生物學家（1809.02.12～1882.04.19），以「天擇演化」論點解釋物種的起源，認為所有物種都是從少數共同祖先進化而來。此論述針對生物的多樣性，可在科學上達到一致且合理的解釋，成為當今生物學的基礎。

4. 奧地利心理學家、精神分析學創始人、哲學家、性學家（1856.05.06～1939.09.23），是二十世紀最有影響力的思想家之一。他認為潛意識具備動能，能夠主動對人的性格和行為施加壓力和影響。他認為事出必因，例如做夢、口誤和筆誤等看似微不足道的小事，其實都是由大腦透過一種偽裝的形式表現出來。因此他提出無意識精神狀態的大膽假設，將意識劃分為意識、潛意識和無意識等三個層次。

# 把「問題獵物」轉化爲「解題狙擊手」

人與問題之間，充其量就是獵人與獵物的關係：不是你消滅它，就是它消滅你。

一個優秀的人，總能在第一時間察覺問題並妥善處理。我們不該放過任何徵兆，理應加以重視，直至尋獲問題的根源並將之解決，這才算真正完成工作。

發現問題，有時比儲備現有的能力更加重要。

人與問題之間，充其量就是獵物與獵人的關係。人要嘛就是獵人，問題是獵物。再不然，換人當獵物，那麼問題就是是獵人。總之不是你消滅它，就是它消滅了你。

因此，我們應該如何當一名好的「問題獵人」呢？

## 越早面對問題，越能實現「思維豹變」

許多人在面對問題時有一個壞習慣，那就是躲避。但躲避也不見得能讓問題主動消失。通常是越躲避，事情往往越容易惡化；越躲避，自己往往越不容易成長。

聰明人都明白一個道理：**第一時間面對，第一時間解脫；第一時間面對，第一時間成長**。

我們且看著名導演胡玫的「豹變[1]」之路：

胡玫是當今著名的導演之一，由她執導拍攝的《雍正王朝》、《喬家大院》等片，部部都是中國極具很有影響力與收視率的電視劇。但即便如此，她也曾經遭遇過問題擺在面前、不得不面對的窘境。

她畢業於北京電影學院，但畢業以後卻未能從事自己心儀的影視工作，只能暫時窩在一家小公司裡，而且擔任一待就是十年的廣告業務。這對她是一個很大的挑戰，她心理也有極大的落差，也有不願求人的時候。但最終，她覺得已來到自己必須面對的時刻，她終究還是逼迫自己去面對。

有時候，她爲了拿下數額並不大的廣告費，必須勉強自己去陪某些大老闆打高爾夫球。記得有一次，她受傷了，但還是追著對方說：「大哥，請您把廣告預算撥給我吧！」

中央電視台曾經播放一檔有關她的專訪。當主持人問她，當初這份廣告業務工作對她後來執導演筒有無任何幫助，她跟大家講了一個觀點：「當你明白你不得不做某些事時，你就會開始變成熟了。」是的，這種直接面對問題的做法，才算是成熟。已故著名高僧聖嚴大師是「心靈環保」的提倡者，他表示：「人隨時隨地都會遭遇問題，而一流的人對於問題應該把握這『十二字方針』，即是面對它、接受它、解決它、放下它！」

解決問題的基礎是面對問題。當你明白自己擁有非實現不可的理想和目標時，你就會發自內心地積極面對並決心解決種種問題，那麼這時，你就開始變得更加成熟了。

## ◎盡可能將問題消滅在萌芽狀態

人生就是一個不斷遭遇問題、正視問題和解決問題的過程。舊的問題解決了，新的問題又來了，請記得不害怕，不厭煩，不躲避，我們唯一能做的就是提升自己面對問題和解決問題的功力。唯有在此一基礎上，才有可能成功打造專屬的高度自信—方法總比問題多！

問題剛剛發生時，通常處於萌芽階段。這時候，問題或許還不太嚴重。但若任其發展，很可能就會惡化，最後變成難以收拾的程度。所以，最好的對策就是在問題尚處於萌芽狀態時，把它徹底殲滅。

華為的經驗與教訓就相當值得重視。

日本經營之聖稻盛和夫是華為創始人任正非相當敬佩的前輩，任正非曾親自跑去日本向他請教企業經營之道。有一次，任正非在與稻盛和夫先生交流時，稻盛和夫問了任正非一個問題：「美國要是一直用核心技術打壓你，怎麼辦？」

任正非準備離開時，稻田和夫又向他再次強調說：「一定要抓住核心技術，別癡心妄想著要堅守一切！」其實，任正非很早就想過這個問題，但重視程度還不夠。倒是經稻盛和夫這一提醒，他方才發現自己過去可能真是小瞧了這個問題。於是，任正非後來提出「深紮根，捅破天」的研究方案，迅速聚集了一大批優秀人才，而目標只有一個，就是突破西方國家的技術壁壘。

果然，美國後來真對華為進行打壓。尤其是在手機領域上，華為面臨晶片受限、安卓系統禁用的情況。這時，華為推出早就準備好的海思晶片、鴻蒙系統「一夜轉正」，成功地為全球客戶持續提供服務。

是的，想要面對問題，我們最好是能具備提前預判趨勢的能力，最起碼，在問題處於萌芽狀態時，就能及時解決。

我十分喜歡下面這個故事：

日本劍道大師塚原卜傳[2]有三個兒子，也都跟著他學習劍道。某一天，塚原卜傳想測試一下三個兒子對劍道的掌握程度，於是就在自己房間的門簾上放了一個小枕頭，只要有人進來稍微碰到門簾，枕頭就會正好打在頭頂上……。

他先叫大兒子進來。大兒子走近房門時就已發現枕頭，於是將之取下，進門後再放回原位。而二兒子接著進來，也碰到了門簾，但不同的是，當他看到枕頭掉下來時，他立刻用手抓住，然後再輕輕放回原處。最後，輪到小兒子急匆匆跑進來。

當他發現枕頭馬上要掉下來時，他情急之下竟然揮劍砍去，在枕頭將要落地時，將它斬爲兩截。

卜傳對大兒子說：「你已經完全掌握了劍道。」並給了他一把劍。

然後對二兒子說：「你還要苦練才行……。」

最後，他把小兒子狠狠責 了一通，認爲他這樣做是卜傳家族的恥辱。

塚原卜傳透過什麼原則來爲三個孩子做不同的評價呢？

其中的一點就是「覺察」問題的態度。大兒子能以最敏銳的思維覺察到問題，並將問題消滅在萌芽狀態。二兒子則是較晚發現問題，但當問題發生時，依舊處理得當。反觀小兒子根本沒有發現問題，只是在問題出現時，衝動地採取極端的應急方式來處理，結果把不該砍掉的枕頭砍掉—反倒害自己引發了新的問題。

一個優秀的人，總能在第一時間察覺問題，並且進行妥善處理。

## 先找到問題，再培養實力

這種方法經常用於創造發明，它體現的是這個道理：發現問題，遠比現有的能力還重要。關於這一點，愛因斯坦有一個十分重要的觀點：「提出一個問題往往比解決一個問題更重要，因為解決一個問題也許只是數學上的或實驗室裡的一種技能而已。」「提出一個新的問題、新的可能性，從新的角度去看舊的問題，卻需要有極富創造性的想像力，而這更標誌著科學的真正進步。」

亞歷山大・格拉漢姆・貝爾（Alexander Graham Bell）[3]原是語言學教授，他偶然發現，當接通或截斷電流時，螺旋線圈會發出噪音。於是他想，是否可以透過電力來傳送語音甚至發明電話？而待他一說出這個想法時，立即遭到周邊親友們的譏笑：「電線能夠傳遞聲音？這真是天大的笑話！你因為不懂電力，所以才會有這種不切實際的想法。」

貝爾當時的確絲毫不懂電力學是什麼，但他並未放棄，而是千里迢迢前往華盛頓，持續地向著名的物理學家、電學專家約瑟·亨利（Joseph Henry）[4]請教，亨利對他的想法給予充分肯定。而當貝爾表示自己最大的困難是不懂電學力時，亨利斬釘截鐵地告訴他：「那就去掌握它啊。」亨利的簡單幾句話對貝爾產生很大的影響力，他毅然辭去教職，專心從事電話機的試驗與製作。只用了幾個月的時間就充分掌握了電力學相關知識。

而兩年後，史上第一部電話，就由貝爾成功試驗、問世。

電話機的概念爲何不是由那些懂得電學知識的專家想出來，而是由一個語言學家發明出來？只因爲他對問題的察覺敏感度，讓他比別人更快找到「市場的標靶」和奮鬥目標。即使一時之間並不具備相關知識，但也可以去學。一個人具有某方面的能力確實很重要，但要想眞正獲得成功，你必須具備的是捕捉問題的能力。

我甚至還可以舉出一大堆事例，以供佐證：

·參與創立現代物理學的路易·維克多·德布羅意（Louis Victor de Broglie），大學時代修習的是文科。

・發現星系紅移（Redshift）的美國物理學家、「星系天文學之父」愛德溫・鮑威爾・哈伯（Edwin Powell Hubble）[5]，原是一名律師。

・發明邁射（MASER）、開創量子電力學的查爾斯・哈德・湯斯（Charles Hard Townes）[6]，原是專攻語言學的學者。

・發明安全刮鬍刀的商人金・坎普・吉列（King Camp Gillette）[7]，早前是一位推銷員。

因此請記住，創造發明的問題「導向」原則：**尋求問題比現有才能更重要**。相關學識可在實踐中提高完善，發現問題才是智慧的起點。

## ◎從以下五大面向去「找問題」

**第一，關鍵點**。關鍵點往往決定全領域。因此請重視：哪些點、哪些環節、哪些職位、哪些人、哪些時間是有關鍵性的。只要抓準「關鍵點」，往往就會「綱舉目張」。

一個典型的案例就是，華爲當年花四十億元向IBM拜師。華爲當時發展很快，但管理卻遲遲跟不上……。任正非認爲：「假如管理跟不上，華為要想再進逼一步拓展，速度肯定會受限。即使發展了，基礎也不牢固，很容易出現問題。」

怎麼辦？

任正非於是帶領團隊到已開發國家去取經，最後決定請 IBM 幫助華爲全面更新管理系統。

而 IBM 最後給了一個價格：四十億人民幣。

先不要說這件事發生在二十多年前，即使在今天，要企業拿出這麼多錢去學習，仍是令人感覺不可思議的事情。

華爲的某一位部門主管一聽到這個價格就傻了，一心只想砍價。

任正非反問他：「你確定砍價後，能夠保證項目品質嗎？」部門主管搖頭。

任正非又問 IBM 的主管：「如果我們同意這個價錢，您有信心把專案做到最好嗎？」對方點頭。

於是，雙方就按照這個價格，成交了。

很多人不明白任正非爲什麼不議價，但我後來可以明白他的用心：管理問題是華爲發展的根本問題。只要能解決這一根本問題，花那樣的代價絕對值得，這就是「抓根本」。

它主要有兩個關鍵點：

・知道什麼是根本？

・在根本問題上，哪怕須花上最大代價，也要解決問題。

**第二，薄弱點**。一個鏈條有十個鏈環，其中九個鏈環都能承受一百公斤的拉力，唯獨有一個鏈環承受的拉力只有十公斤。那麼這個鏈條總體能承受的拉力取決於最薄弱的那個環節，也就是只有十公斤。「木桶原理」（Cannikin Law）[8]也指出：**木桶能盛多少水，不是取決於最長的那塊板，而是取決於最短的那塊板**。

**第三，盲點**。盲點就是你最容易疏忽並且看不到地方。朝著盲點去找問題，就是要從最容易忽視的點、職位、部門、工作流程、人員、時間等方面去發現問題，藉以防止問題發生。

**第四，奇異點**。奇異點就是不尋常的點。異常現象可以提供新的機遇或引發創新，帶來變革，也可以引發破壞，帶來不可彌補的損失。

**第五，結合點**。高層與下屬之間、家庭與部門之間、前後工序之間、甲乙方之間、單位與外部環境間、計畫的兩個環節之間等，上述種種都屬於兩個事物的連接部位，即是結合點。

而結合點是最容易出現問題的一環。

爲什麼？

因爲結合點是資訊集散地，更是矛盾的集中地，是人們注意力的關注點所以只要找到這五點，不僅容易避免恐將導致損失的問題，還能把損失降到最低。而且由於善於探尋問題，還很可能因此出現創新與發現。

1. 語出《易經．革卦》：「君子豹變，小人革面。」本指一個人的放棄善念而去行惡事，或改變原有善念初衷，導致行為思想的偏差，如今則延伸為稱讚某人由貧賤而顯達。

2. 又名塚原高幹，是日本戰國時代有名的劍術家（1489～1571），被日本眾多講談塑造為劍聖。其流派為天真正傳香取神道流，同時被尊奉為新當流（鹿島新當流）的開山祖師。

3. 出身於蘇格蘭的發明家及企業家（1847.03.03～1922.08.02），他成功取得世上第一台可用的電話機的專利權並創建貝爾電話公司（AT&T 的前身）。

4. 美國科學家（1797.12.17～1878.05.13），美國科學振興會的創始成員之一，也是史密森尼學會首任會長。被視為是繼班傑明．富蘭克林之後最偉大的美國科學家之一，對於電磁學貢獻頗大。

5. 美國天文學家（1889.11.20～1953.09.28），建立了哈伯定律，證實了銀河系之外還有其他星系的存在，被公認的星系天文學創始人和觀測宇宙學的開拓者。

6. 美國物理學家、教育家（1915.07.28～2015.01.27），發表激微波的理論和應用聞名於世，1964 年與巴索夫和普羅霍羅夫同獲諾貝爾物理學獎。

7. 發明一種安全剃鬚刀的美國商人（1855.01.05～1932.07.09）。

8. 也稱木桶原理、木桶定律或短板效應，意指當處在最短的那塊木板時，將可能會影響到該整體的水準，例如當企業裡的某個經銷商或代理商成為「最短木板」時，他們恐將對業績造成嚴重影響。

# 化危機爲轉機

一個優秀的人，不僅能夠妥善解決問題，而且能夠把危機化為轉機。換一種思維，壞事可以轉化為好事。換個角度，危機恰可成為轉機。危機是讓人脫穎而出的大好機會。畢竟任誰都化解不了的難題，若你能處理，那這恰好就是屬於你的大好機會。

一個優秀的人，一個傑出的員工，不但不害怕、不閃躲問題，能夠解決問題，擅於把一個個危機變爲機會。「方法總比問題多」其實還有更深一層的含義：最高境界的方法不只是「把問題解決」的方法，而且是「把問題、危機轉化爲機會」的方法！

## ◎換一種思維，壞事也能變好事

根據辯證法（Dialectics）的原理，任何事情在一定條件下，都可以向相反的方面轉化。好事可能變壞事。同樣地，壞事有時也能轉化成爲好事。

幾年前，我就曾幫助一位從事房地產工作的朋友，一舉將壞事轉化變成一樁好事。

這位朋友所在的公司，是香港一家房地產公司位在安徽某城市的子公司。當時他們剛到那裡拓點，對當地情況甚不熟悉。結果，當地某位蠻橫的同業，以我的朋友搶了他的生意爲由，帶人將朋友痛打了一頓……。

事情發生後，大家覺得這是公司成立以來所遭遇的最大危機：總經理被打，說明這裡的投資環境實在惡劣，假如任由這樣的情況發展下去，那以後還不知道會發生什麼事，還不知道公司會不會有另外的大風險、大問題。

接下來到底應該如何處理，大家意見不一。

當地員工表示，打人的這名同業爲人向來刁蠻，經常無事生非，而且跟當地的某些權要有些關係，大家都很忌憚他……。於是有人便表示：「強龍不壓地頭蛇，忍一時風平浪靜，咱們算了。」

但大家多半是傾向找他算帳，表示連總經理都挨打了，那還得了？有人甚至嗆聲說道：「怕什麼？公司裡並不缺人力，咱們先把那小子抓來揍一頓再說。」理由是既然當地人都如此野蠻，爲了避免日後「人善被人欺」，只有打出威風來，公司才能在這裡立足。

當時我正好在那裡，也目睹了這一幕。我於是對朋友說：「出了這種問題，肯定要解決，但我們不能蠻幹，可以把問題轉化為機會試試……。」

「作為來這裡投資的外商，遇到此等惡劣的事情，如果宣揚出去肯定會對當地的投資環境產生不良影響。我相信地方政府機關不會漠視這種事情發生。」

「我們應該借此機會向主管機關反映情況，這不僅是為了出氣，更是為了以後能夠安全地開展工作。」朋友聽取了我的意見，當場給市府機關寫了一封陳情信。加上我又補寫了一份輔證材料，提出希望市府機關改善投資環境。

第二天，我就搭飛機離開了。但在離開之前，我對朋友說：「壞事也會變成好事，我相信此舉必定會有好結果。」果然，幾天後朋友來電告訴我，市府機關十分重視這件事，當下指示警政單位務必清查此事。而經過調查後，警政機關證實那位打人的老闆確實行爲不當，因此對他做出了拘留的處罰！不僅如此，市府機關更以此爲例，徹查了該座城市的投資環境與相關建設，並在當地報紙上進行討論，全面改善當地的投資環境。

此外更耐人尋味的是，那位打人的老闆在被放出來之後，不知出於什麼心理，竟然還買了一堆營養品來向友人賠罪，態度謙恭有禮，前後可謂判若兩人。

一件不好的事情，經過這麼一番處理，證實的確有好效果：

・以最理想的方式，有效懲罰了侵犯者。

・引起相關部門重視，爲公司日後開展工作達到很好的作用，更避免了以後類似不好事情的發生。

・媒體和社會各界對此事議論紛紛，等於是不花錢，卻能爲公司做了一個大廣告。

分析了這個問題的前因後果，我們還可以得到以下啓發：

・不管你將生活設計得如何美好，問題總是還會出現。

・你雖無法預知問題何時出現，但你可以透過有效的方法來解決。

・面對同一個問題，可以有不同的處理態度，而我建議應採取最有建設性的一種。

・只要積極應對，壞事通常可以變成好事。

## 換個角度想，危機正好變轉機

問題不僅意味著麻煩，甚至代表著新的啓發、新的機遇。這讓我想起我父親的親生經歷。

父親十二歲就成爲孤兒，獨自住在一個偏僻的山村裡。雪上加霜的是：常有霸道的鄉民會去驅趕年僅十幾歲的父親，並且霸佔他原來的房屋……。父親一個人去外地闖蕩過生活，經歷過許多種人想像不到的困境，但後來生活越來越好，甚至成爲當地最受尊敬的人之一。

有一年，我與父親回老家過年，與他一起去拜訪某一個人，路上途經自己當年住過的房屋。我於是問他：「爸爸，回想到當初別人把你趕走，你現在還會感到傷心嗎？」沒有料到，爸爸沉吟了半刻後回答我：「當時確實是傷心而且絕望，但現在回想起來，還真得感謝那個把我趕走的人。不然，我很可能一直窩在這個偏僻的山村裡，怎麼會有如今這麼好的生活？」不管是誰，不管遭遇怎樣的危機，假如能積極轉軌，如今回想過往，這就是一片新的生機。很多時候，當一些不好的事情發生時，我們往往會認爲這是難以接受的大危機。但假如能把這些當成開啓新生活的契機，持續往新的領域努力，這說不定恰巧就是最好的轉機。

新生活已出現，新航程已啓動，請勿留戀過去，要勇敢往前走。這讓我想起海倫・凱勒（Helen Adams Keller）[1]的名言：「每當一扇幸福之門關閉，就會有另一扇幸福之門被打開，但我們往往長久凝視著這扇緊閉的門，看不到已打開的那扇窗。」請記住：

優秀的人，絕對不會浪費人生中的每一次危機。

積極的人，在每一次危機中都能開創一個更好的機會。

## 「危機」是你脫穎而出的大好機會

對於上班族而言，出現危機是可怕的事情。但如果把握得當，你會發現這可能反是讓你脫穎而出的好機會。且看我們的金牌學員阿雲的故事吧。

阿雲大學畢業後進入一家公司的管理部擔任文書工作。沒想到工作不久，公司就因爲老闆投資失誤而倒閉。

公司開始裁員，人心越來越不穩，同事們開始紛紛找關係跳槽、離職，根本沒人安心工作，最後甚至連總經理的秘書也離職。這時候，只有阿雲一如既往地專心工作，在總經理的秘書離開後，她主動幫總經理處理各項善後工作。最後，公司依舊倒閉，她也不得不離開……。

總經理是一位六十多歲的老先生，這次是誤信他人建言，做了錯誤的投資，這才導致公司破產，而這次的失敗讓他很傷心。只不過他對阿雲的表現十分感激，不僅在公司清盤時多給了她半年的資遣費，甚至還不斷想辦法要幫她找新工作。不久後，他有一位晚輩從海外留學回來，準備在北京開一家大公司，要他推薦人才。他於是毫不猶豫地推薦了阿雲。

阿雲從新公司成立之初就很受器重，而她也更加努力地工作。從辦公室副主任做起，不到兩年就成爲該公司的人事主管和行政部副總裁。

某次，公司應徵行銷總監，阿雲是主考官，其中一位前來應徵的人竟然是阿雲前公司的副總經理。自從那一間公司倒閉後，這位副總經理就一直沒找到適合自己的職位。當他發現決定自己此次應徵命運的主考官，竟是原來在公司裡並不起眼的文書工作同仁時，他感到相當震驚，甚至不由自主地感慨說道，自己等到上了中年，終於學到了很重要的一堂課。

對於愚蠢的人來說，遇到危機是災難，但對於聰明的人而言，這卻是機會！

## ◎無人能解的難題，有時是你專屬的好機會

「沒有試過，你就不該否定自己，遇到困難時，絕對不能猶豫退縮。這也算是成功創業的基本法則。」問題是機會，大的問題就是大的機會。對於這點，黑石集團（Blackstone Group，NYSE：BX）[2]的創始人蘇世民深深有感，他在成立公司不久，就選擇投資六點五億美元來收購經營不善的美國鋼鐵公司，並且表示要持有51％的股份，後來，這筆投資的利潤是投資額的二十六倍。

他的體會是：「你能解決別人無法解決的難題，就能抓住別人無法抓住的商機。」

「讓自己脫離困境的方法就是：幫助別人解決他的問題。」

「為人人避之不及的問題提供解方，這才是競爭力道最小、成功機會最大的契機。」

---

1. 美國知名作家、身障人權利倡導者、政治活動家和講師（1880.06.27～1968.06.01）曾讀於哈佛大學拉德克利夫學院，更是首位獲得文學學士學位的聾盲人士。
2. 又名「百仕通集團」，是美國著名的私人股權投資、投資管理公司，由蘇世民 及彼得．喬治．彼得森（Peter George Peterson，1926～2018）於1985年創建，企業總部位於美國紐約曼哈頓。

# 「V型思維」：讓人人都能成爲創造者和創業家

V型思維——

這不僅是一種將問題變為機會的思維，更是一種人人都可成為創造者和創業者的思維！

停止抱怨之際，機會就會來臨。

「我創造的東西，就是我自己『最需要』的！」

「我賣給別人的東西，就是我自己『最想要』的。」

在本書最後，我要給大家講一個自己總結出來、最有魅力的方法：V型思維——一種最能體現「將問題變成機會」的思維！這是一種人人都可以變成創造者和創業家的思維！

很多人一談到創新和創業時，或許都會習慣性地搖頭表示：「這可能嗎？我真有這樣的機會和能力嗎？」其實假設你掌握了這種思維，就有可能成爲一個成功的創造者和創業家。

## ◎把「問題轉化為機會」的必勝公式

我曾經遇到一位在海外創業的華人企業家楊先生，他的創業經歷很有意思，說到他的第一桶金其實是這樣賺到的：

多年前，他在國內上大學時，某一個早晨，起床時不小心將熱水瓶碰倒了，裡面的內膽因此碎了。第二天，他到學校的商店想買個熱水瓶膽換上，結果店家表示店裡不單賣膽瓶，他必須得買下整個熱水瓶才行。他想跟店家理論，卻反被罵了一頓……。

一氣之下，他決定給校長寫一封陳情信。而就在他構思這封信該怎麼寫的時候，腦中突然靈光一閃：「既然學校的商店沒有賣熱水瓶膽，那為何我不去做這個生意？學校肯定有不少同學也會因為打爛了瓶膽而需要新的內膽，這可能是一筆好生意啊！」這時說幹就幹，他跑到五公里外的市區，批發了二十個瓶膽，然後在食堂門口擺了個攤，沒想到很快就被一搶而空。

接著他又進了八十個，很快也銷售光了。

這樣一來，他幹勁大增，不斷進貨、銷售，而且聘用了幾個同學，幫他到周圍的學校去推銷。一個學期下來，他竟然賺到了一千元。

一千塊錢在二十世紀八〇年代初期可是一筆不算少的資金，當時一個學生的每月消費多半才二十多塊錢。他經此一役反而成為學生們眼中的「富翁」。從此，他走上了創業的道路，如今公司的資產已超過十億元。

楊先生的思考模式就是典型的「V型思維」。

「V型思維」是我研究過許多傑出人才的思考模式後，總結出來的全新概念。這是一種值得重視的創造性思維，不論對科學發明還是商業拓展，抑或解決其他重要問題等，都深具極大價值。

「V型思維」是一種建立在特殊思維變換——「拐彎」基礎上的創造。其特徵可以用一個英文字母「V」來表示。「V」這個字母，非常傳神地表達了思維「拐彎」的積極含義：左邊一半，代表向下；右邊一半，代表向上。從左邊的趨勢來說，本應向下，但在底部卻終止了，改為向上——這是一種從消極狀態向積極狀態的轉折。其中有三個箭頭：

從左到右的第一個箭頭，代表的是問題；從左上方到右下角的箭頭，代表問題的延伸以及它給當事人帶來了消極情緒——牢騷、抱怨。假如受這些情緒支配，必然只有任由事情惡化，或者將該做的事情放棄。

而「V」的底端，代表的是停止牢騷、抱怨。

右邊的箭頭，代表的是不但看到了這個問題帶來的機會，而且開始積極創造。

問題即機會法的關鍵，則有以下幾點歸納：

第一，在出現問題時，盡快停止抱怨。

第二，高度重視新的變化，請自問：「不管這個變化是好是壞，在這當中是否有值得我重視的新因素？」

第三，自問：「新因素是否能夠使我開闢新天地？是否給我帶來全新的機會？」這裡最重要的是要停止抱怨。

停止抱怨是進行積極轉向的基礎，停止抱怨之際，往往就是機會來臨之時。

## ◎賣給別人的東西，就是自己最想要的東西

「V型思維」是一個人人都可以成爲創造者的思維。日常生活中的種種不方便，最終都可能因爲這種改變，進而成爲一種了不起的創造。霍華德．海德（Howard Head）天性愛玩，喜歡運動但偏偏唯獨害怕滑雪。倒不是他不喜歡這項運動，而是又長又笨重的滑板實在讓他害怕。

而在一次糟糕的滑雪體驗之後，他下決心表示這輩子都不再去滑雪了……。但就在回家的路上，他突然心頭一動：「我其實很喜歡滑雪，主要是因為滑板過重的問題，讓我不得不放棄這個很有趣的活動，我幹嘛不去試著改善一下滑板的構造呢？」

「像我這樣的人一定很多，假如我能發明一種輕巧方便的滑板，想必會很有市場。」於是，他花了幾年時間來改進滑板，最後一舉成功，不僅建立海德滑板公司來銷售滑板，甚至靠轉讓專利權來獲利[1]。

其中一家叫 AMF 的公司在買下他的專利權後，因為生意興隆，竟然又多支付了四百五十萬美元的紅利給他。

這次的成功，更加激勵了他進一步發明新東西的願望。

例如他愛大網球，卻總是打不好，原因是網球拍用起來很不科學。後來他乾脆轉念：「既然自己用起來感覺不科學，為何不創新改造一番？」於是，他將網球拍徹底翻新改造，結果使用效果極佳，商品久銷不衰。

世界網壇稱這是「網球史上最重大的革新」，《體育畫報》（Sports Illustrated）更表示這是「網球史上最成功的革新」。而霍華德．海德的創新思維正是「我賣給別人的東西，就是我自己『最想要』的東西。」

霍華德・海德發明滑板的思路分析如下：

・問題：由於滑板笨重、使用不便，讓我再也不敢去滑雪。

・抱怨：眞是見鬼了，我幹嘛花錢找罪受！

・消極措施：我再也不滑雪了，反正還有那麼多好玩的運動項目，我何必一定要選擇滑雪不可？

・終止抱怨：也許眞有值得我創新改造的地方？

・認眞思考：我覺得滑板不好用，值得改進。只要改進了，我就會再來滑雪。像我這樣的人一定不少，如果推出改進後的滑板，必定很有市場。

・結論：我發現了一個別人還沒有意識到的大市場！

・積極措施：當仁不讓，由我自己來進行創造！

・效果：霍華德・海德成爲該領域的領先創造者，並且得到最理想的創業良機！

透過上述這些分析，我們應該知道爲何「V型思維」是一種人人都可成爲創造者和創業家的思考模式。其關鍵在於：

・這個問題發生在你身上，你將更能感受到改善或創造的必要性。

・一定有不少像你這種「同類」，因爲需求都一樣，所以你能夠看到市場潛力。

・由於你最先感覺到這個問題就是一個新的機會，所以你成爲該領域中，理所當然的領先者！

等別人想起要追趕你的時候，爲時已晚。請再次記住「V型思維」的關鍵：

「我創造的東西，就是我自己最需要的東西」

「我賣給別人的東西，就是我自己最想要的東西！」

實際上，這種依靠「V型思維」創新、創業成功的故事，在當代比比皆是。當看到類似問題的時候，你是不是也可用「V型思維」進行有價值的創新和創業呢？

---

1. 公司全名為Head Sport GmbH，總部位於奧地利肯訥爾巴赫（Kennelbach），是一家專營各樣體育器材的企業，產品包括滑雪、游泳、網球等運動體育器材。

觀成長

# 方法總比問題多：商業競爭的解題技術

作　　者　吳甘霖
視覺設計　徐思文
主　　編　林憶純
行銷企劃　蔡雨庭

總 編 輯　梁芳春
董 事 長　趙政岷
出 版 者　時報文化出版企業股份有限公司
一〇八〇一九　臺北市和平西路三段二四〇號
發行專線　（〇二）二三〇六—六八四二
讀者服務專線　〇八〇〇—二三一—七〇五・（〇二）二三〇四—七一〇三
讀者服務傳真　（〇二）二三〇四—六八五八
郵撥　一九三四四七二四　時報文化出版公司
信箱　一〇八九九　臺北華江橋郵局第九九信箱

時報悅讀網　http://www.readingtimes.com.tw
電子郵箱　yoho@readingtimes.com.tw
法律顧問　理律法律事務所　陳長文律師、李念祖律師
印　　刷　勁達印刷有限公司
初版一刷　二〇二四年十一月二十九日
初版二刷　二〇二五年一月十日
定　　價　新臺幣三百八十元
（缺頁或破損的書，請寄回更換）

時報文化出版公司成立於一九七五年，並於一九九九年股票上櫃公開發行，於二〇〇八年脫離中時集團非屬旺中，以「尊重智慧與創意的文化事業」為信念。

方法總比問題多：商業競爭的解題技術 / 吳甘霖著 . -- 一版一刷 .-- 臺北市：時報文化出版企業股份有限公司 , 2024.11
320;14.8*21 公分
ISBN 978-626-396-783-0（平裝）
1.CST：成功法
177.2　　　　113013308

ISBN 978-626-396-783-0
Printed in Taiwan.